Ursula Bruns/Marlit Hoffmann

Pferde – meine große Liebe

Ratgeber für pferdebegeisterte Mädchen und ihre Eltern

Schneider-Buch

Inhalt

Kinder träumen von Pferden

1. Vom Schaukelpferd zur Pferdekoppel

„Ganz verrückt ist unser Kind nach Pferden!" Wie oft lassen Eltern heute diesen Stoßseufzer hören, und wie oft nickt der Gesprächspartner verständnisinnig. „Unseres auch! Was macht man da nur?"

Die Liebe zu Pferd und Reiten scheint schon die Dreijährigen anzustecken: Sie wünschen sich Bilderbücher mit Pferden oder Stoff-Pferde, möglichst in der Größe eines Shetlandponys, oder bunte Pferde zum Schaukeln oder Wippen – und um die Quälgeister loszuwerden, erfüllen Eltern und Tanten und Opa und Oma ihnen diese Wünsche – vom Malbuch aus dem nächsten Supermarkt bis zum Kunststoff-Pony mit eingebautem Rütteleffekt.

Das aber heizt die merkwürdige Leidenschaft erst recht an: Im Fernsehen werden Fury und alle seine Kollegen bestaunt, die so rasant und klug und dabei so lieb die kniffligsten Aufgaben erfüllen und den nächsten Wunschtraum hervorrufen – daß man selbst ein Pferd besitzen könnte, einen Kameraden durch dick und dünn...

Das Taschengeld geht drauf für Pferdebücher, Pferdefilme und Pferdekalender; zu Weihnachten und zum Geburtstag wünschen viele Mädchen sich nichts anderes, als reiten lernen zu dürfen.

„Weshalb fahren wir am Sonntag nicht mal aufs Land?" betteln sie, bis man, um Ruhe zu haben, den nächsten Ausflug in ländliche Gefilde verlegt (oder, wohnt man auf dem Land, einen Spaziergang entlang den Weiden macht). Vom Instinkt der Pferdenärrischen sicher geführt, landet man früher oder später auch bei weidenden Pferden – und nun ist es mit dem „Ruhe haben" endgültig vorbei. Bis zu diesem Punkt nahm die Industrie den Eltern die Wunscherfüllung durch Bereitstellung all der erwähnten käuflichen Surrogate ab – nun müssen sie selbst aktiv werden. Und wissen oft nicht, wie.

Da grasen auf grüner Wiese sanftmütige große Tiere und kommen auf die Lockrufe bedächtig herbei. Im Frühjahr und im Sommer sind gar Fohlen neben ihnen: süße, stakelbeinige, reizend aussehende, munter umhertollende kleine Pferde, die plötzlich buckeln, übermütig auskeilen, in schneller Fahrt davongaloppieren ... Das läßt auch die Herzen der Eltern höherschlagen, und Mutter und Vater erklären sich bereit, wiederzukommen und Leckerbissen mitzubringen.

Achtung: Hier werden viele Sünden begangen, aus Unwissenheit, Nachlässigkeit oder gar Leichtsinn. Eimerweise werden Küchenabfälle herangeschleppt: angeschimmelte Kartoffelschalen, schmutzige Gemüsereste, stockiges Brot und Käserinden. Pferde essen, was ihnen vertraut riecht, und je jünger sie sind, um so gieriger machen sie sich auch über das her, was ihnen schädlich ist – besonders, wenn mehrere Tiere sich um das Angebotene streiten. Aber: Schimmel ist schon in kleinsten Mengen sehr gefährlich für Pferde. Muffiges, Schmutziges und Angegärtes gehört in den Abfall! Brotreste und Brötchen zu sammeln, ist sicher besser, als sie wegzuwerfen, aber sie müssen in luftigen Netzen getrocknet und nicht in Plastiktüten aufbewahrt werden. Verantwortungslose – nicht nur Kinder, auch Erwachsene – werfen oft die Tüten mit den Brotresten zusammen in die Koppel. Die Pferde knibbeln am Plastikmaterial herum, fressen es mit – und bekommen Stunden später eine schwere Kolik, an der nicht wenige eingehen.

Immer wieder auch wird beobachtet, wie Eltern ihre Kinder in die Weide schicken, um sie neben dem süßen Fohlen, dem großen Pferd zu fotografieren. Das ist bodenloser Leichtsinn! Gerade Stuten mit Fohlen sind gegen Fremde unberechenbar, und auch andere Koppelpferde können plötzlich sehr unfreundlich werden. Kleine Kinder möchten die niedlichen Fohlen streicheln, zu denen sie sich unwiderstehlich hingezogen fühlen – das darf unter keinen Umständen erlaubt werden.

Fohlen sind zwar kleine Pferde, aber keine kleinen Tiere! Sie sind oft über 1 m hoch und haben lange, stabile Beine mit harten Hufen. Diese Beine müssen das Fohlen notfalls schon so schnell davontragen wie ein ausgewachsenes Pferd; die Knochen sind deshalb stark (und dürfen nicht mit den weichen Kuschelknochen kleiner Hunde verwechselt werden: Hunde sind Nesttiere, keine Fluchttiere). Fohlen sind außerdem schreckhaft und übermütig zugleich. Sie mißverstehen ungeschickte Bewegungen der Kinder – und keilen aus; oder sie bedanken sich für einen Leckerbissen durch vergnügtes Ausschlagen, und bei beidem geschieht es oft, daß Kinder schwer verletzt werden.

Erwachsene Pferde sind im allgemeinen besonnener – wenn sie aber ausschlagen oder beißen, sind die Folgen um so schlimmer! Sind gar mehrere Pferde auf der Weide und gehen die Besucher zu ihnen, um sie zu füttern, gibt es häufig ein Gerangel futterneidischer Pferde. Dabei versehentlich Schlag oder Biß abzubekommen, fürchten selbst die Besitzer, die ihre Pferde doch genau kennen. Um wieviel gefährlicher ist das alles für Fremde!

Ganz abgesehen davon ist eine Weide fremdes Eigentum, wie auch die Pferde darauf. Was würden Sie wohl sagen, wenn Fremde von der Straße in Ihren Garten kämen und Ihren Hund fütterten? Das sollte Kindern wie Erwachsenen ganz klar sein: Man darf eine fremde Weide nicht betreten, auch nicht, wenn kein Verbotsschild aufgestellt ist!

Ganz schlimm wird es, wenn verantwortungslose Erwachsene die Kinder auf ein vertrauensvoll näherkommendes Fohlen setzen! Wen wundert es dann, wenn solche

Kinder sollen nie auf fremde Weiden gehen. Vom Weidezaun aus können sie mit den Vierbeinern Kontakt aufnehmen

Kinder – 12, 13 Jahre alt geworden und in jenem Alter, in dem man gelesene Abenteuer selbst erleben möchte – sich heimlich zu den Pferden schleichen und erste Reitversuche machen?

Die Folgen können schrecklich sein: Zum Tragen sind die Fohlenknochen noch viel zu schwach, der Rücken ist zu weich. In der Fachpresse ist immer wieder zu lesen, daß bei solchen Reitversuchen Rücken gebrochen wurden, daß Fohlen elend verendeten. Zudem wird das junge Tier handscheu, läßt sich nicht mehr fangen, läuft vor Schreck in den Stacheldraht... Jede Versicherung hat mit den Folgen solcher Unfälle zu tun. Viele Fohlen werden alljährlich als Opfer solchen Leichtsinns getötet.

Auch das unbefugte Reiten ausgewachsener Pferde ist nicht zu verantworten. Mit Geduld und Sorgfalt zugeritten, haben sie gelernt, bestimmten Anweisungen des Reiters zu folgen und ihm zu vertrauen. Auf die Ungeschicklichkeiten der Kinder reagieren sie mit Schrecken und Widersetzlichkeit, buckeln verstört, laufen davon. Ohne Zaum und Zügel nicht zu lenken, galoppieren sie dicht an Bäumen vorbei, rennen ins Gebüsch, in die Schutzhütte mit dem niedrigen Eingang. Reiterknie, Reiterkopf prallen gegen Holz, die Kinder fallen, geraten gar unter die Hufe: Keine Versicherung kommt für derartige Schäden auf – im Gegenteil, die Eltern des Kindes können zusätzlich für den Schaden am Pferd haftbar gemacht werden; ein Blick in die Versicherungsprotokolle zeigt die Häufigkeit dieser Fälle.

Kinder können nicht alles wissen. Unternehmen sie aber solche Streiche doch wieder, nachdem Sie mit ihnen gesprochen und ihnen die Zusammenhänge erklärt haben, so erweisen sie sich nicht als echte Pferdefreunde; den Wunsch nach Pferd und Reiten sollte man ihnen in ihrem eigenen Interesse und in dem der Pferde dann nachdrücklich abschlagen.

Wie aber sollte man reagieren, wenn ein Mädchen sich nichts sehnlicher wünscht als reiten zu lernen? Oder wenn es gar von einem eigenen Pferd träumt, das es lieben, versorgen, reiten kann? (Natürlich nur ein ganz kleines, das noch nicht viel kostet, mit dem man wenigstens spielen kann, nur so ein Fohlchen ...?) Die hilflosen Eltern merken spätestens hier, daß ihnen da etwas über den Kopf zu wachsen droht, und sie sehen es nun gar nicht mehr so gern, wenn Brot gesammelt, Zucker vom Taschengeld gekauft wird. Denn – wie soll das enden? Was macht man als Durchschnittsbürger unserer Tage, vielleicht im siebten Stock eines Wohnblocks in der Großstadt wohnend, mit Kindern, die von nichts anderem mehr träumen als von Pferden?

Nun gibt es verschiedene Möglichkeiten, mit dieser Situation fertigzuwerden. Eine davon ist – finanzielle Erwägungen werden dabei wohl häufig den Ausschlag geben –, strikt und endgültig *nein* zu sagen, die Vorstellung, Reiten und Pferdebesitz seien überhaupt möglich, gleich mit Stumpf und Stiel auszurotten. Aber so ganz glücklich wird bei einer solchen Entscheidung niemand sein. Und: Reiten und Pferdebesitz – das sind zwei Paar Stiefel.

Bleibt also das Für und Wider zu erwägen, *ob* man die Wünsche der Pferdenärrischen erfüllen soll und *wie* man das machen kann.

Was spricht *dafür,* der Pferdeliebe eines Kindes nachzugeben? Nehmen wir an, ein Kind wüchse wirklich – umgeben von moderner Technik und behaglichem Mobiliar – im Hochhaus inmitten anderer Hochhäuser auf: Dann ist seine

Sehnsucht nach einem lebendigen, warmen, urwüchsigen Tier, von dessen Regungen und Gefühlen man träumt, dessen Zuneigung man erringen möchte, auf dessen Rükken man buchstäblich in eine „andere Welt" hineinreitet, unmittelbar verständlich. Für ein Kind – auch wenn es alle Automarken kennt – bedeutet Technik im Grunde wenig, Bequemlichkeit kaum etwas. Es möchte sich an Lebendigem orientieren – und das ist etwas, das Eltern nur unterstützen sollten. Der Umgang mit Lebewesen, die anders reagieren als Elektroherd und Staubsauger, die nicht per Knopf zu bedienen sind, sondern Einfühlung und Verständnis in ihr fremdes Sein erfordern, helfen dem jungen Menschen bei der Vorbereitung auf ein Erwachsenenleben, in dem man den Mitmenschen auch nicht mit Knopfdruck begegnen kann. Ein Tier kann man nicht beiseite stellen wie ein Fahrrad oder einen Fußball – diese Erfahrung ist sicherlich jedem Kind nützlich, ganz gleich, wie unterschiedlich Erwachsene darüber denken mögen.

Kinder, die sich früh sinnvoll mit Lebendigem beschäftigen, die Tiere lieben und selbst versorgen, haben weniger Pubertätsprobleme, fühlen sich während dieser schwierigen Zeit des „Himmelhochjauchzend – Zu Tode betrübt" nicht so vereinsamt wie vielleicht sonst.

Man könnte den Gedanken weiterspinnen: Beschäftigen sich Kinder und Eltern gemeinsam mit Pferden, reiten oder fahren sie zusammen aus, teilen sie sich gar in die Sorge um so ein neues Familienmitglied, dann bleiben sie auch

Auf Pferdeschauen kann man manchmal ein paar Runden auf geführten Ponys reiten. Ein unvergeßliches Erlebnis für die Pferdenärrischen

über die stürmischen Jahre des Heranwachsens problemloser miteinander verbunden – dafür gibt es in unserem persönlichen Erfahrungsbereich Hunderte von Beispielen.

Doch so weit sind wir noch nicht; pferdenärrische Kinder müssen durchaus nicht pferdenärrische Eltern haben.

Der Umgang mit Pferden ist überdies gesund, vor allem, wenn er in frischer Luft, in freier Natur stattfindet. (Von den Möglichkeiten dazu wird noch die Rede sein.) Kinder lernen ganz natürlich, die eigenen Launen zu beherrschen, ihre Ungeduld zu bezwingen, wenn es darum geht, sich ein empfindsam reagierendes großes Pferd zum Freund zu gewinnen.

Selbstdisziplin ist, zumal wenn sie unbemerkt erworben wird, eine wichtige Erziehungshilfe; regelmäßig wiederkehrende Pflichten, wie Putzen, Füttern und Versorgen von Pferden, lehren Kinder, daß Pflichterfüllung notwendig ist und dabei durchaus nicht widerwärtig zu sein braucht. So wachsen sie in ein selbstverständliches Verantwortungsgefühl hinein.

Vieles spricht also *dafür*, den Wunsch des Kindes positiv zu erwägen.

Dagegen spricht sehr wenig, wenn man es sich recht überlegt.

Was abschrecken könnte, ist eine gewisse Gefahr des Snobismus: daß ein Kind, anstatt vom Umgang mit Pferden zu gewinnen, seine Natürlichkeit und seine echte Tierliebe im Umgang mit anderen (den falschen!) Reitern weithin verlieren könnte. Weiter unten zeigen wir auf, wo diese Gefahr beginnt und wie man ihr begegnen kann.

Was kann man nun für die Pferdenärrischen *tun*? Die

Antwort fällt je nach Wohnort und Lage des nächsten Reitstalles unterschiedlich aus. Auf jeden Fall aber kann man sich in der Familie einmal darüber unterhalten, welche Möglichkeiten sich anbieten.

2. Pferde in den Ferien

Der erste Kontakt zwischen einem Kind und „richtigen", das heißt reitbaren Ponys oder Pferden kann am ehesten in den Ferien hergestellt werden. (Wenn wir im folgenden von „Pferden" sprechen, so sind damit immer Pferde *und* Ponys gemeint. Kinder unter 14 Jahren sollten das Reiten möglichst auf zuverlässigen Ponys, also kleineren Pferden, erlernen.) In der ganzen westlichen Welt werden Jahr um Jahr mehr Ferienheime, Reiterpensionen und Zeltlager eingerichtet, die sich ganz auf Pferde und Jugendliche spezialisieren. Die Adressen erfährt man auf mannigfache Weise:

- Aus überregionalen Pferde-Fachzeitschriften (im Buchhandel zu erfragen);
- aus den regelmäßigen Reise-Beilagen überregionaler Zeitungen; Anfragen bei deren Redaktion;
- durch spezielle Broschüren;
- über die Verkehrsvereine, die vor allem auf die Möglichkeiten in der eigenen Region hinweisen;

– bei den Reisebüros, die viele Prospekte einzelner Unternehmen wie auch über Reiterferien im In- und Ausland verteilen.

Besorgen Sie sich so viele Auskünfte und Adressen wie nur möglich; alle Broschüren und Zeitschriften zusammen kosten weniger als ein einziger verpfuschter Ferientag.

Die Wahl des geeigneten Aufenthaltsortes richtet sich nach verschiedenen Kriterien: dem Alter des Kindes, der Entfernung von zu Hause, den tatsächlichen Reitmöglichkeiten, dem Preis.

Anhand der Unterlagen kann der Familienrat schon daheim am Wohnzimmertisch Ungeeignetes ausschalten. Dann aber sollten Sie unbedingt *selbst hinfahren* und sich den gewählten Platz ansehen! Papier ist bekanntlich geduldig, und Kinder – zumal jüngere – können sich nicht genügend helfen, wenn sie erst am falschen Ort allein gelassen sind. Erkundigen Sie sich vor allem, ob ausreichende *Aufsicht* gewährleistet ist und ob es neben dem Umgang mit Pferden auch weitere Beschäftigungsmöglichkeiten (Spielen, Schwimmen, Wandern) gibt.

Bei größeren Kindern, die vielleicht schon mehrmals in Ferienheimen mit Pferden waren, kommt auch ein entsprechender Bauernhof in Frage, wo schon mehr Verantwortlichkeit erwartet wird und die Jugendlichen sich intensiver und selbständiger mit den Pferden beschäftigen können.

Schrecken Sie vor höheren Kosten zunächst nicht zurück, sondern treffen Sie die Entscheidung in Rücksicht auf den Preis erst, wenn Sie sich umgesehen haben. Auch als Laie erkennen Sie, ob die Pferde oder Ponys rundlich oder dürr, munter oder geschunden aussehen, ob sie auf ordentlichen Wiesen laufen oder im Schlamm stehen, ob die Unterkünfte sauber oder von tagealtem Kot bedeckt sind, ob die Geschirrkammer aufgeräumt oder ob Lederzeug achtlos in den Ecken verstaut ist.

Vollpension in guten Häusern, Reiten eingeschlossen, ist gewiß nicht billig; doch bei gut vorbereiteter Suche finden Sie sicher die Auswahl zwischen Komfort und Notwendigkeit. Sauberkeit, Freundlichkeit, gutes, reichliches Essen, Aufsicht und Beschäftigung sollten aber unbedingt „im Preis inbegriffen" sein. Übrigens: Für eine Woche muß man ungefähr mit 400,– bis 600,– DM rechnen.

Haben Sie etwas gefunden, das Ihren Vorstellungen entspricht, den Geldbeutel aber zu stark belastet, dann verkürzen Sie lieber den Aufenthalt dort, als in einem unzureichenden Hause längere Ferien zu buchen.

Eine Woche da, wo das Kind den das ganze Jahr über heiß ersehnten Umgang mit den Pferden genießt und dabei richtig erlernt, ist besser als eine längere Zeit in einem verlotterten Betrieb, wo es sich falsche Vorstellungen über Pferdehaltung aneignet. Die Pferdenärrischen sollen ja einerseits ihren Wunsch erfüllt bekommen, andererseits praktischen Umgang mit Pferden erlernen. Pferde sind keine Fahrräder, bei denen nur die Reifen aufgepumpt werden müssen: Sie sind sehr lebendige Wesen, zu deren

Ferien im Sattel. Ein Traum geht in Erfüllung: herrliche Stunden mit Pferd und Pony in der freien Natur

Verständnis das Kind nur durch richtige Anleitung zu jeder Tageszeit gelangt.

Doch wenn wir bisher von Aussuchen, Wählen, Herumfahren sprachen, so müssen wir das gleich stark einschränken: Die Möglichkeit zur Wahl haben Sie nur, wenn Sie sich sehr früh bemühen! Am besten nutzen Sie schon die Sommerferien des Vorjahres dazu, sich umzuhören und umzusehen, sich vielleicht nach den Erfahrungen im Bekanntenkreis zu erkundigen und rechtzeitig für die nächsten Ferien abzuschließen. Sehr gute Häuser, in denen Ihr Kind sorgsam betreut wird, sind ab Februar kaum noch zu buchen.

Reiten und Lernen können mancherorts kombiniert werden: Einzelne Ferienbetriebe bieten zu den Reitstunden auch Nachhilfeunterricht in Sprachen und Mathematik an. In der entspannten Ferienatmosphäre lernen auch Kinder, die sonst Schwierigkeiten damit haben, gern. Eine schon häufig praktizierte Möglichkeit, Sprach- und Reitunterricht zu kombinieren, ist ein Aufenthalt im Ausland. Erkundigen Sie sich nur vorher sehr genau, ob die jeweilige Fremdsprache auch gesprochen wird – und zwar auch dann, wenn Deutschsprachige in größerer Zahl an diesen Ferienwochen teilnehmen! In England und Frankreich gibt es Ferienlager in *deutscher* Sprache, und das wünschen Sie ja vielleicht gerade nicht.

● *Was braucht man für Ferien mit Pferden?*

Außer einer festen Reitkappe eigentlich nichts Besonderes. Jeans, Pullover oder Hemden, eine Parka oder Jeansjacke und Gummistiefel. Letztere freilich dürfen kein grobes Profil auf den Sohlen haben, weil man damit zu leicht im Bügel hängenbleiben kann.

Jeder korrekt geführte Reitbetrieb hat eine *Haftpflicht-* und eine *Unfallversicherung* abgeschlossen: Erstere deckt die Schäden, die Ihr Kind unbeabsichtigt mit dem Ferienpferd anrichtet (wenn z. B. ein Pony, das sich losgemacht hat, sich im erntereifen Weizenfeld tummelt); letztere deckt die Kosten, die entstehen, wenn – was wir nicht hoffen wollen – Ihr Kind sich verletzt. Ehe Sie buchen, erkundigen Sie sich bitte danach und fragen Sie auch, wie es mit der ärztlichen Betreuung steht.

Falls Sie selbst sich mit dem Hobby Ihrer Kinder vertraut machen möchten, gibt es natürlich auf vielen Reiterhöfen auch die Möglichkeit gemeinsamer Ferien. Suchen Sie sich ein Hotel oder eine Pension mit Pferden verschiedener Größen aus, das auch über einen kleinen Übungsplatz und einen Ausbilder und Begleiter bei Ausritten verfügt.

Schließlich lassen sich auch die eigenen, anderen Interessen gewidmeten Ferien mit den Reiterferien Ihres Kindes kombinieren, indem Sie sich – was vor allem bei Kleineren, die noch nicht von zu Hause fort waren, sinnvoll ist – in der Nähe einquartieren. Hat sich der frischgebackene Reiter erst einmal eingelebt, wird er im neuen Freundeskreis bald so beschäftigt sein, daß die Eltern sich den eigenen Ferienwünschen überlassen können.

3. Voltigieren

Die wohl beste Hinführung zum Reiten ist schon für die Allerkleinsten das Voltigieren: das Turnen an einem eigens dazu geschulten, ruhig im Kreise galoppierenden kleineren oder mittelgroßen Pferd. Die Kinder springen auf und ab, vollführen auf dem Pferderücken verschiedene Übungen und gelangen wirklich „im Spiel" zur völligen Losgelassenheit, die Voraussetzung jeglichen guten Reitens ist; sie gewinnen ein tiefes Vertrauen zum Pferd und zu ihren eigenen Fähigkeiten, machen ihren Körper geschmeidig – und haben obendrein noch viel Spaß! Voltigieren ist rundum zu empfehlen!

Überdies ist es auch noch preiswert. Denn da bei einer Voltigierstunde 1 Lehrer und 1 Pferd für 8 bis 12 Teilnehmer genügen, zahlt jeder nur eine relativ geringe Summe. Manche Vereine halten den Preis bewußt niedrig, um über das Voltigieren ihren Nachwuchs zu fördern.

Wie alt die Kinder sein müssen, die mitmachen können, hängt von der Entscheidung des Lehrers ab; mancherorts voltigieren schon Vierjährige.

Leider gibt es nicht in jeder Stadt, in jedem Reitverein Voltigiergruppen. Horchen Sie unverzagt auch in der weiteren Umgebung herum: Gerade das gesunde, fröhliche

Voltigieren ist, wie gesagt, die beste Hinführung zum praktischen Umgang mit dem Pferd. Vielleicht finden Sie im Bekanntenkreis Eltern, die auch daran interessiert sind,

Das macht Spaß! Beim Voltigieren erlernen schon die Kleinsten auf dem blanken Pferderücken den richtigen Sitz im natürlichen Gleichgewicht

daß ihre Kinder einmal wöchentlich voltigieren, und Sie können dann gemeinsam einen Reitlehrer um Unterricht bitten oder abwechselnd die Kinder zu einem etwas weiter entfernten Kursus fahren.

● *Was braucht man zum Voltigieren?*

Sehr wenig: Turnschuhe, Söckchen, kurze Turnhose, Hemd oder Pulli, im Winter einen Trainingsanzug. (Wenn Ihr Kind später bei öffentlichen Vorführungen mitmacht, braucht es dies alles vielleicht in den Vereinsfarben; doch bis dahin ist es noch weit.)

Auch zum Voltigieren müssen die Kinder haftpflicht- und unfallversichert sein. Die meisten sind es in der Bundesrepublik Deutschland über die Schule ohnehin, nicht so in Österreich und der Schweiz; werden die Kinder Mitglied im Reiterverein, sind sie über dessen Versicherungen wahrscheinlich mitversichert. Erkundigen Sie sich jedenfalls genau!

Zu Weihnachten und zum Geburtstag oder als Belohnung für ein gutes Zeugnis werden sich Ihre Pferdenärrischen sicher Zehnerkarten zum Voltigieren wünschen – schenken Sie sie ihnen: Es ist ein gesundes Geschenk.

4. Reitstunden

Die Zahl der Reitvereine wächst unaufhaltsam. 1959 gab es in der Bundesrepublik 1100 Vereine mit 80 000 Mitgliedern, die der Deutschen Reiterlichen Vereinigung (FN) angeschlossen waren, 1986 waren es bereits rund 4300 Vereine mit über 510 000 Mitgliedern. Dazu kommen inzwischen noch einige Dutzend Freizeit-, Wander- und Westernreiter-Clubs, die nicht zur FN gehören, und nicht als Verein eingetragene lose Zusammenschlüsse von Reitern. Auch bei ihnen können Anfänger meist Unterricht erhalten, teils in einer anderen Reitweise als der bei uns üblichen deutsch-kontinentalen. Private Reitschulen in jeder Größenordnung runden das „Angebot" ab.

Hören Sie sich im Bekanntenkreis um, erkundigen Sie sich bei der Gemeinde, bei der Stadt, schauen Sie im Telefonbuch nach: Es sollte nicht schwerfallen, eine Reitschule zu finden.

Wesentlich schwieriger ist es, eine Ihren Vorstellungen genau entsprechende Reitmöglichkeit zu finden, denn Reitschule ist beileibe nicht gleich Reitschule! Grundsätzlich unterscheiden sie sich nach dem Gewicht, das bei ihnen dem Turnierreiten beigelegt wird. Es gibt Vereine, die mehr, und es gibt solche, die deutlich minder Turnierambitionen haben; in manchen Schulen widmet der Lehrer sich besonders intensiv dem Nachwuchs, in anderen wird das Jungvolk als lästiges Übel betrachtet. Insgesamt gesehen sind wir auch beim Reiten weit weniger kinderfreundlich als etwa Holland oder das überaus kinderfreundliche Großbritannien oder die USA. In diesen Ländern wird das *Spiel* mit dem Pony in den Vordergrund genommen: 55 000 Kinder unter 18 Jahren sind in England in Ponyclubs zusammengefaßt, im kleinen Holland (kleiner als etwa Nordrhein-Westfalen) sind über 35 000 Kinder und Jugendliche in eigenen Clubs untergebracht. Das sind für uns Traumzahlen, die unerreichbar scheinen. In diesen Ponyclubs widmet man sich ausschließlich den Belangen der Kinder, die ebenso ausschließlich auf Ponys (also Pferden unter 150 cm) beritten sind. Ponyspiele und Geländeritte (in England auch Jagden) überwiegen bei der Ausbildung; turniermäßiges Reiten sowie das Reiten in geschlossenen Hallen nehmen erst die zweiten und dritten Plätze ein.

Bei uns ist es umgekehrt: Zwei Drittel aller Reitervereine haben eine geschlossene Halle, in der dressurmäßig geritten wird – auch von Kindern auf großen Pferden. Um so wichtiger ist es nun für Sie, den einigermaßen richtigen Platz zu finden. Schauen Sie sich die einzelnen Betriebe gut an: Auch als Laie merken Sie bald, wo es Ihnen gefällt. Ihr Kind soll behutsam ausgebildet werden, soll die Freude am Pferd nicht verlieren und soll kein Snob werden – dazu braucht es den richtigen Lehrer, gut gehaltene Pferde, einen Kreis echter Kameraden.

Wird herumgeschrien? Sehen die Pferde dünn und müde aus? Wirkt der Betrieb heruntergekommen? Ist er zu zakkig? Stehen die Pferde ohne Auslauf in einzelnen Boxen oder gar in Ständen, wo sie den größten Teil des Tages die Wand anstarren? Herrscht lebhaftes Kommen und Gehen, oder sind Stall und Halle die meiste Zeit des Tages abgeschlossen? Ist die Bar in der Reiterstube besser gefüllt als die Reitbahn? Ist der Ton des Hauses snobistisch und eingebildet?

Kehren Sie in allen diesen Fällen schleunigst um! Ihr Kind soll natürlich bleiben, ein fröhlicher, aufgeschlossener Reiter werden, der sich den Traum vom Pferd auch in der rauhen Wirklichkeit des Lebens erhält. Das gelingt aber da nicht, wo das Pferd nur Vorwand ist für anderes: für schnelles Geldverdienen etwa oder schieres Wettkampfdenken oder Angeberei.

Es gibt andere Ställe – suchen Sie sie. Erkundigen Sie sich bei anderen Reitern, jungen und älteren, wo sie sich wohlfühlen, wie ihnen der Unterricht gefällt. Bitten Sie dann den Reitlehrer um eine – natürlich bezahlte – Probestunde. Und schauen Sie dabei unbedingt zu; denn in der ersten Reitstunde entscheidet sich oft, ob die Kinder weitermachen oder erschrocken oder entmutigt aufgeben. Diese erste Stunde ist manchmal ein harter Prüfstein für Eltern, die über den unsicheren Sitz ihres Sprößlings zu Pferde besorgt sind, und für Kinder, die dachten, das Reiten sei viel einfacher. Hier kommt es auf das Geschick des Reitlehrers

Für Kinder ideal zum Reitenlernen: die liebenswerten, robusten Ponys

an, dem Kind zum einen ein passendes Pferd und zum anderen die richtigen Anweisungen zu geben und sehr vorsichtig vorzugehen.

Daß es für alle Beteiligten einfacher ist, wenn Kinder auf Ponys reiten lernen, diese Einsicht setzt sich allmählich auch hierzulande – wenngleich beileibe nicht überall – durch: Kinderkörper und Ponykörper passen in der Bewegung viel besser zusammen, die geringere Höhe weckt weniger Ängste, der Charakter des Ponys ähnelt dem rauhbautziger Heranwachsender mehr als der des Großpferdes – daher auch die weltweite Beliebtheit der Kombination Kind/Pony.

In der Reitschule soll der Schüler (jeglichen Alters) auf einem abgegrenzten Platz oder in einer geschlossenen Halle sich auf Pferd und Reiten konzentrieren können, ohne durch Geschehnisse der Umwelt abgelenkt zu werden. Der Reiter soll lernen, wie das Pferd unter ihm sich bewegt und wie er sich selbst am weichsten und geschmeidigsten den Bewegungen des Tieres anpaßt; er soll aufmerken auf Wesen und Art des jeweiligen Pferdes, soll lernen, daß es große Unterschiede im Temperament und in der Bereitschaft zum Mittun gibt – genau wie beim Menschen – und wie man sie erkennt und nutzt; er soll seinen Körper stillhalten und beherrschen lernen und vor allem die Verständigung zwischen Pferd und Reiter gezeigt bekommen und nachvollziehen. Das heißt, er muß lernen, wie er dem Pferd seine Wünsche durch überlegten, sanften Gebrauch der Zügelhände, des Gewichtes und der Gewichtsverlagerung, des Schenkeldrucks, der Stimme und der Gerte übermittelt.

Dies ist es, was ein guter Reitlehrer lehrt. Verfügt der Verein über gute, ruhige, gelassene, aber nicht abgestumpfte Ponys und Pferde, so ist das Reitenlernen leichter; kommen die Kinder fröhlich und ganz ausgefüllt vom Erlebten heim, war der Unterricht sicherlich gut; sind sie mißmutig oder nimmt der – an sich zunächst ganz natürliche – Muskelkater nicht ab, reiten sie sich zu oft durch, dann stimmt etwas nicht mit dem Unterricht.

Theoretisches Wissen über Pferd und Reiten lernen Ihre Kinder aus den richtigen Büchern und aus einer praktischen Pferdezeitschrift; Reiten selbst aber erlernt man nur in der Praxis, und deshalb kommt dem Unterricht eine so große Bedeutung zu. Die meisten Reitschulen nehmen Kinder ab 10 Jahren auf, weil Kinder unter 10 Jahren für die großen Pferde der meisten Institute noch zu klein sind und weder Kraft noch Ausdauer genug haben, sich dem in straffer Ordnung abgehaltenen Unterricht eine Stunde lang einzufügen. Aus Erfahrung können wir hierzu nur sagen, daß manchmal Sechsjährige bereits geschickte und begeisterte Schüler sind, doch gehören sie unbedingt auf den Rücken eines zuverlässigen Ponys – Höhe und Breite eines Pferderückens würden sie nur erschrecken! Mit sehr viel Glück finden Sie vielleicht für die Kleinen eine Schule, in der brave und an Kinder gewöhnte Ponys einem geduldigen Lehrer gehorchen. Er wird mit den Reitbabys Lockerungsübungen im Schritt machen: Armekreisen und Ballwerfen und Niederbeugen auf Pferdehals oder -popo, später im Trab ein fröhliches Liedchen singen. Solche Unterrichtsstunden sind für Kinder lustig, und sie lernen reiten, ohne es recht zu merken. Hier und da nimmt sich auch eine fortgeschrittene Zwanzigjährige im Verein der Kindergruppe an.

Auch jetzt wieder sind Zehnerkarten dankbar empfangene Geschenke. Die alte Regel gilt auch hier, daß jeder das mehr schätzt, wofür er selbst etwas tun muß: Reitstunden, die durch gute Noten, durch Mithilfe im Haus und im Garten, durch Erledigung von Besorgungen, Babysitten und ähnliches verdient wurden, werden doppelt genossen.

Ein Problem ist, falls die Schule Ihrer Wahl nicht am Ort liegt, der Transport dorthin. Gibt es gute Bus- oder Bahnverbindungen, ist es gelöst; auch eine längere Anfahrt mit dem Rad ist – in Wind und Wetter – gesund und eine dauernde Prüfung für den Grad echten Interesses am Reiten. Jedenfalls hat die Praxis erwiesen, daß Kinder um so schneller die Lust verlieren, je bequemer man es ihnen macht.

Fatal ist es, wenn zu jeder Reitstunde Auto und „Schofför" gebraucht werden. Oft kann man Absprachen mit den Eltern anderer Reitkinder treffen und umschichtig fahren. Solche Fahrergemeinschaften haben sich seit langem bewährt: Petras Mutter fährt vier Kinder montags zur Reitschule, Rolfs Vater holt sie abends wieder ab, in der nächsten Woche sind dann andere Eltern an der Reihe. Sprechen Sie aber untereinander ab, daß jedes fremde Kind auf eigene Gefahr mitfährt; das klärt die Haftung für Hin- und Rückweg zur Reitschule.

● *Was braucht man zum Reiten in der Reitschule?*

Zunächst einmal das gleiche wie für die Reiterferien. Ein Lehrer, der gleich zu Anfang einen kompletten Reitdreß verlangt, versteht nicht genug von der Psychologie: Junge Menschen müssen sich mit einer Sache erst vertraut machen, ehe sie sich entscheiden können, ob sie weitermachen möchten. Zum anderen aber ist es auch falsch, ein Kind über eine „schicke“ Ausrüstung zum Sport zu bringen. Es soll sich gar nicht erst der Gedanke in ihm festsetzen, daß das Aussehen etwas mit der Sache an sich zu tun hat! Die halbe Welt reitet in Jeans – weshalb nicht Ihr Kind? Sind Sie von der Dauerhaftigkeit seines Wunsches zu reiten überzeugt, kaufen Sie ihm eine einfache, gut sitzende Stiefelhose und ein paar Gummistiefel.

Dazu ein paar Ratschläge aus langer Praxis:

Die heute gängigen modischen *Reithosen* sind aus elastischem Material und sitzen sehr eng; Kinder finden es schick, wenn sie so prall wie möglich anliegen. Geben Sie dem Wunsch nach der kleinsten Nummer nicht nach! Im Gegenteil: Bestehen Sie darauf, daß Reithosen nur über dem dicksten Winter-Unterzeug anprobiert werden! Auf jeden Sommer folgt ein Winter – und der ist selbst in der geschlossenen Halle noch kalt, ganz zu schweigen von den so geliebten Ausritten. In der zu engen Hose friert der Mode-Fan dann gewaltig. Außerdem kneifen zu enge Hosen, in denen es sich gerade noch gehen läßt, beim Reiten im Sattel und reiben die Haut auf, was schmerzhafte Scheuerstellen zur Folge hat.

Das gleiche gilt sinngemäß für die *Stiefel*: Im Winter müssen dicke Socken hineinpassen – schon gar in Gummistiefel, die als kalt bekannt sind. Lederstiefel lohnen sich bei gelegentlichem Reiten für Heranwachsende nicht: Zu schnell sind die Füße zu groß – und einen Markt für gebrauchte Kinder-Lederstiefel gibt es nicht. Moderne Kunststoffstiefel sind atmungsaktiv und gefüttert und sehr bequem. Viele Spitzensportler tragen sie sogar auf dem Turnierplatz.

Jeder Reiter sollte *Handschuhe* tragen: entweder aus Leder – im Winter gefüttertes Kunstleder – oder aus gestrickter Baumwolle. Die Zügel gleiten auch bei verschwitzten und klammen Fingern nicht so leicht aus den Händen, der Griff um den Zügel (nicht der Zug am Zügel!) ist fester und sicherer. Handschuhe sollten ebenfalls nicht zu klein gekauft werden; die Hand muß darin viel Bewegungsfreiheit haben.

Die *Oberbekleidung* soll ohne Firlefanz sein: Hemdbluse, Polobluse, Pullover oder Rollkragenpulli, je nach Jahreszeit; darüber Windjacke, Anorak oder Parka, die immer geschlossen zu tragen sind, damit der Reiter damit nirgends hängenbleibt. So reicht die Kleidung, auch für den Ausritt im Regen, völlig aus.

Auf den Kopf gehört unbedingt eine *Reitkappe*. Sie ist kein Statussymbol, wie man meinen könnte, sondern ein Sturzhelm für den Reiter (auch wenn sie oben mit Samt überzogen ist). Sie muß innen eine sturzfeste Einlage haben und mit Schaumstoff ausgepolstert sein; freilich nützt sie nur, wenn der zugehörige Gummiriemen auch unters

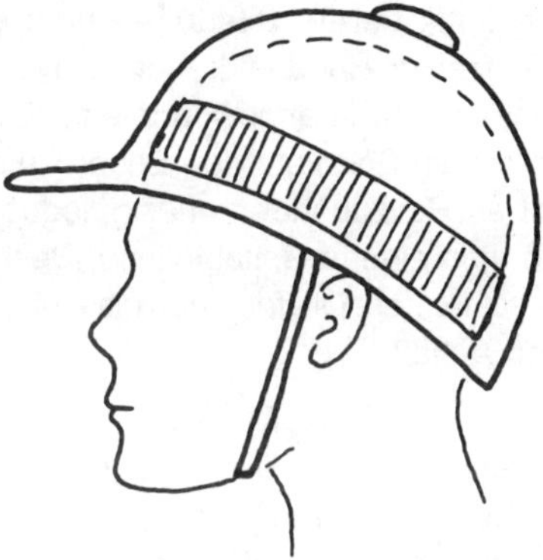

Kinn gezogen wird! Billige Reitkappen ohne alle diese Vorrichtungen nutzen nichts; sie sind dann in der Tat nur noch äußere „Angabe".

Zum Ausziehen der Stiefel sollte man sich einen *Stiefelknecht* zulegen.

Manche Reitschulen verlangen, daß die Reiter ihre eigenen *Gerten* mitbringen, weil die der Schule – wie natürlich auch die eigenen – alle naselang verlorengehen. Kaufen Sie auch hier etwas Einfaches, ohne Firlefanz – etwa 1 m lang, damit der Reiter sein Pferd an der richtigen Stelle hinter dem Sattel treibend antippen kann, ohne jedesmal die Hand vom Zügel nehmen zu müssen. Fiberglasgerten sind biegsam und stabil und besser als diejenigen mit

Eisendraht in der Mitte; bei allen Gerten – teuren wie billigen – brechen die Spitzen im Handumdrehen ab, wenn sich der Reiter nicht von vornherein angewöhnt, sie stets mit dem Griff, also dem dicken Ende auf den Boden zu stellen.

Das Angebot an Reitzubehör ist riesig; jedes Versandhaus hat heute eine eigene Reitabteilung. Deshalb ist es schwer, Preise zu nennen. Die folgende Liste des Nötigsten gibt Ihnen einen Anhalt:

1. Reithose	ab DM 60,–
2. Reitstiefel (Gummi)	ab DM 40,–
3. Reithandschuhe	ab DM 25,–
(gef. Kunstleder/Winter)	ab DM 8,–
4. Reitkappe (mit fester Innenausstattung)	ab DM 40,–
5. Stiefelknecht	ab DM 8,–
6. Reitgerte	ab DM 10,–

Wir lassen mit Absicht hinter den Preisen Platz für die Summen, die Sie selbst bei Durchsicht von Katalogen oder nach Besuch einschlägiger Geschäfte ermittelten; weichen sie allzusehr von den unseren ab, suchen Sie weiter!

Während der Zeit des Ausprobierens, Lernens und der ersten Anschaffungen sollte man Kinder bewußt dazu anhalten, mitzusparen. Wo ließe sich Sparen leichter lernen als da, wo es um ein Hobby geht, um etwas, das man sich aus vollem Herzen wünscht? Und wieder ist die Intensität des Einsatzes ein guter Maßstab dafür, was einem die

Sache wert ist.

Das geht natürlich noch viel weiter: Worauf ist man um einer Liebhaberei willen zu verzichten bereit? Im Familienrat sollte auch das durchgesprochen werden. Eltern, die solche Fragen interessiert mit ihren Kindern erörtern, haben einen größeren Einfluß und können die nachwachsende Generation besser beurteilen. (Vielleicht springt der Bazillus, der die Pferdenärrischen so närrisch macht, eines schönen Tages auch auf die Eltern über?) Unbedingt müssen dabei die Interessen aller Kinder in einer Familie gegeneinander abgewogen werden: Keiner sollte bei seinen speziellen Liebhabereien bevorzugt werden. Eine der Autorinnen erinnert sich, daß, als sie 12 Jahre alt war, die ganze Familie in den Ferien an die See fuhr. Nur sie mußte zu Hause bleiben, um im Reitstall auszuhelfen, weil dort Hilfe fehlte. Zum Ausgleich waren die Reitstunden das Jahr über billiger – die Eltern zahlten weniger. Doch sie schlugen das, was die Ferien gekostet haben würden, zum Reitgeld – womit die Geschwister gern einverstanden waren.

● *Wie geht es weiter?*

Wer sein Kind im Reiterverein reiten läßt, stellt damit gewisse Weichen für die Zukunft. In einem guten Verein ist das Jahr über eine Menge los. Da gibt es Fuchsjagden, Kostümreiten, Musikreiten und so weiter. Hat man gut geübt und sich beim Unterricht Mühe gegeben, ist es meist nicht schwer, für einige dieser Veranstaltungen ein Pferd zu bekommen. Dabei wird die Frage der korrekten Ausrüstung aktuell.

Die LPO (= Leistungsprüfungsordnung) der „Deutschen Reiterlichen Vereinigung“, der die Ausrichtung aller offiziellen Wettkampf-Veranstaltungen untersteht, schreibt für bestimmte Turniere den Anzug vor. Das gilt auch für Österreich und die Schweiz und ihre Verbands-Vorschriften. Wer etwa an einem Jagdspringen oder einer Dressurprüfung Kl. A (= Anfänger) teilnimmt – und Prüfungen

Für bestimmte Turniere unerläßlich: der korrekte Reitdreß

höheren Grades kommen für Kinder auf Reitschulpferden zunächst nicht in Betracht –, muß so angezogen sein:

helle Hose (weiß oder beige)
schwarze Stiefel
weißes Hemd/Rollkragenpullover
schwarzes Jackett
schwarze Reitkappe
weiße Handschuhe

Das ist schon eine komplette Ausstattung, und es bleibt bei jüngeren Kindern und nur gelegentlicher Teilnahme an Prüfungen sehr zu überlegen, ob man sie nicht von einer ähnlich gewachsenen Reiterfreundin ausborgt oder gemeinsam einkauft.

Bei Wettkämpfen der Kategorie C und bei Ponyturnieren wird dieser Punkt gottlob großzügiger gehandhabt: Als Oberbekleidung genügt ein einfacher Pulli; die teure Jacke entfällt. Manche Veranstalter freilich haben eigene Vorstellungen und verlangen sogar für ein geselliges Beisammensein mit einigen spielerischen Wettkämpfen den Turnier-Anzug. Das ist schade. Mit etwas Phantasie kann man sehr hübsche Bilder erzielen, wenn man rote, blaue, grüne Hemden oder Pullis vorschreibt: etwa jeweils für bestimmte Altersgruppen oder miteinander konkurrierende Vereine.

An dieser Stelle gilt es zum zweitenmal, dem Snobismus vorzubeugen. Reiten ist heute nichts Exklusives, Vornehmes mehr, auch wenn manche Offizielle (Vorstände in den

Vereinen, Reitlehrer, Veranstalter u. ä.) und leider auch manche Reiter selbst es dazu machen möchten. Wehren Sie sich dagegen! Sie befinden sich damit in Gesellschaft der besten unserer Offiziellen und Reiter. Denken Sie an andere Sportarten: Beim Skilaufen etwa würde Ihnen kein Mensch einreden wollen, das sei etwas „Vornehmes" und man müsse ein hochmütiges Gesicht dabei machen. Reiten ist dabei, ein Volkssport zu werden – erhalten Sie Ihrem pferdenärrischen Kind seine Natürlichkeit. Beugen Sie sich nie der Forderung: „Ich *brauche* dies und jenes – die anderen haben es auch – die lachen mich aus..."

Sagen Sie Ihrem Kind, daß beim Reiten nichts wichtiger ist, als das freundschaftliche Verständnis zwischen Pferd und Reiter, und daß kein Pferd der Welt seinen Reiter lieber hat, wenn er nach dem allerletzten Schrei gekleidet ist. Fragen Sie Ihr Kind freundlich, aber deutlich: „Sind eigentlich die Kinder, die am schicksten angezogen sind, auch am nettesten zu ihren Pferden? Bemühen Sie sich am meisten, ihr Pferd zu verstehen? Reiten sie auch die Pferde, die nicht so gut aussehen und nicht so gut gehen? Oder wollen sie nur angeben? Und was möchtest du von alledem?" Lassen Sie niemals zu, daß auf dem Umweg über das so geliebte Reiten aus Ihren Kindern unerträgliche Snobs werden.

● *Intensive Beteiligung an Turnieren?*

Reitet Ihr Kind so gut, daß der Reitlehrer vorschlägt, es häufiger an Turnieren teilnehmen zu lassen, und ent-

Beim Turnier: Vor den gestrengen Richtern zeigen Kind und Pony, was sie im Reitverein gelernt haben

schließt sich Ihr Kind, die Mühen zusätzlichen Trainings auf sich zu nehmen, sind sicherlich Jahre vergangen, und Sie sind inzwischen eine erfahrene Reiterfamilie geworden. Sie können nun auch ohne unsere Hilfe entscheiden, wie es weitergeht.

5. Das adoptierte Pferd

● *Pferde aus dem Reiterverein*

Am Anfang Ihrer neuen Karriere als Eltern pferdebegeisterter Kinder hätten Sie es sicher nicht für möglich gehalten, was die Erfahrung Sie inzwischen lehrte: daß es immer wieder Leute gibt, die sich ein Pferd kaufen, es dann aber kaum oder gar nicht reiten. Meist liegt das am Zeitmangel. Hoffnungsfroh kauft sich Herr X oder Frau Y ein Pferd und verbringt im ersten Sommer jeden Abend in der Reitbahn oder im Gelände. Aber wie es dann so kommt: Es wird Winter, abends ist es zu dunkel fürs Gelände, in der Bahn zu kalt... Irgendwann hat es sich eingebürgert, daß man nur noch zum Wochenende kommt. Das Pferd aber muß täglich bewegt werden, vor allem, wenn es ohne Auslauf in einer Boxe steht.

Die Autorinnen erinnern sich an herrliche Jahre mit solchen Pferden, denn dies ist ein Geschenk für gut reitende Kinder mit weicher Hand: Ihnen vertraut mancher Besitzer sein Pferd lieber an als einem Erwachsenen, der mehr fordert und infolgedessen auch mehr verderben kann.

Für die Kinder bedeutet ein solches Pferd, das nicht regulär im Reitbetrieb geht, mehr Freude im Sattel. Es gibt ihnen die Chance, sich auf dem besseren Pferd weiterzubilden und mehr zu lernen.

Wenn Besitzer und Reitlehrer mit dieser Nutzung des Pferdes einverstanden sind und das Kind sich damit weiterhin der Gruppe anschließt, sind zusätzliche Absprachen

Ein Pferd zu „adoptieren“, für es zu sorgen und auf ihm zu reiten, ist oft eine ideale Lösung für Kind und Pferd

kaum nötig. Anders verhält es sich, wenn Ihr Kind das Pferd auch allein im Gelände reitet. Hier muß geklärt werden, ob das Pferd haftpflicht- und lebensversichert ist und wer die Kosten übernimmt, falls es nicht lebensversichert ist. Reiten ist kein besonders gefährlicher Sport, aber es *kann* eben doch eine Menge passieren. Nur wenn Sie als Eltern bereit sind, alle Risiken zu tragen (eventuell sogar ein teures Pferd nach einem Unfall zu ersetzen), lassen Sie Ihr Kind ohne genaue Abmachungen das so freundlich angebotene Pferd reiten. Sicherer ist es, mit dem netten Besitzer schriftlich oder vor verläßlichen Zeugen auszumachen, wer welche Risiken trägt. Haftpflicht für das Pferd, Unfallversicherung für das Kind sind eigentlich selbstverständlich; aber wer zahlt den Tierarzt bei Lahmheit? Bei Verletzungen nach einem Sturz? Was darf das Kind mit dem Pferd überhaupt tun – darf es springen? In der Bahn oder auch im Gelände? Soll es nur spazierenreiten?

Komplizierter wird es, wenn *mehrere* Fremdreiter ein solches Pferd reiten: die Abmachungen müssen dann mit allen Beteiligten gemeinsam getroffen werden.

Klären Sie es im freundschaftlichen Gespräch vorher, denn *nachher* finden meist keine freundschaftlichen Gespräche mehr statt.

● *Pferde aus der Nachbarschaft*

Etwa noch einmal soviel Pferde wie in Vereinsställen leben auf der Bauernweide oder hinter dem Haus ihres Besitzers.

Wer die Augen offenhält, findet da ganz erstaunliche Möglichkeiten zum Reiten. Die „Bezahlung“ freilich sieht anders aus als im Reitstall.

Eine nette ältere Dame in der Nachbarschaft besitzt zwei Pferde oder Ponys; sie würde gern jemand reiten lassen, der ihr dafür bei der Pflege ein wenig zur Hand ginge.

Oder: Durch ein bißchen zu intensive Zucht in früheren Jahren hat sich ein Bestand so vergrößert, daß die Besitzer und Reiter nun nicht mehr für alle Tiere genügend Zeit haben.

Oder: Ein Besitzer wurde alt, krank, hatte einen Reitunfall, möchte sich von seinem Pferd nicht trennen.

Oder: Ein Bauer hält ein Pferd aus Liebhaberei. Es geht hier und da im leichten Zug, läuft sonst auf der Weide. Er würde es einem netten jungen Reiter schon leihen.

Oder – oder – oder ... Wir wissen aus der Praxis, wie groß hier die Möglichkeiten für die echten Pferdefreunde unter den jugendlichen Reitern sind. „Echte Pferdefreunde“ müssen sie freilich schon sein, denn, wie gesagt, der Preis besteht meist in Mitarbeit und Mitsorge. Bei uns reiten immer ein paar Kinder das ganze Jahr über, die dafür im Urlaub nach den Pferden sehen, fleißig bei der Heuernte mithelfen, beim Versorgen des Lederzeugs, beim Holen und Wegbringen der Tiere, beim Reinigen der Weiden und Ställe. Ein Junge muß mit der Bahn kommen und zahlt vom Taschengeld die Monatskarte!

Die meisten Eltern sehen diese Art der Reiterei besonders gern, weil eben die Kinder mehr lernen als nur das Reiten: Sie entwickeln mit der Zeit einen Blick für das, was Tieren fehlen könnte, was sie brauchen, wie sie versorgt werden müssen; sie leisten gesunde körperliche Arbeit an der frischen Luft (die hinterm Haus gehaltenen Pferde kennen keine Reithalle), sie bleiben fröhlich und natürlich. Haben Ihre Kinder also ein solches „Pferde-Zuhause" gefunden und bitten Sie, dorthin gehen und auch länger bleiben zu dürfen, so werden Sie gewiß nur nein sagen, wenn die Schule darunter leidet.

Ein Vorteil bei dieser teilweisen Adoption ist es, daß die jungen Reiter mehr oder weniger unter Aufsicht sind und von den Tierhaltern angelernt werden; die Verantwortung, die sie tragen, ist nicht so sehr groß. Doch auch hier ist ein Besuch der Eltern angebracht. Wiederum müssen alle Versicherungsfragen geklärt werden. Sind die Pferde in der Haftpflichtversicherung? Hat der Betrieb eine Betriebshaftpflicht-Versicherung, die zahlt, wenn dem Kind etwas zustößt? Die Pferdebesitzer andererseits werden sich von weitreichender Verantwortung gern freistellen lassen und sich erkundigen, ob für das Kind eine Unfallversicherung abgeschlossen ist.

Die Mithilfe bei Leuten, die selber Kinder und Ponys haben, lockt schon Achtjährige an, und wenn alle Beteiligten einverstanden sind, ist dagegen nichts einzuwenden. Es ist erstaunlich, wie gut manche sehr jungen Kinder mit Pferden umgehen können.

- *Voll adoptierte Pferde*

Auf einer großen Weide laufen seit längerem Ponys, um die sich niemand intensiv zu kümmern scheint. Nachforschungen ergeben, daß die Kinder, die sie früher ritten, in der Lehre oder beim Studium sind, nicht mehr im Ort wohnen, zur Zeit zum Reiten zu beschäftigt sind, die Tiere, an denen sie hängen, aber nicht verkaufen wollen.

Oder: Am Rand der Großstadt weidet ein Pferd, das ein alter Mann abends in den Stall eines ehemaligen kleinen Hofes holt. Ein Gespräch übern Wiesenzaun ergibt, daß der Sohn, dem das Pferd gehörte, tot ist. Verkaufen möchte der alte Herr nicht, aber die Arbeit wird ihm, zugegeben, ein bißchen viel...

Zwei Möglichkeiten, Pferde ganz zu adoptieren, das heißt, die volle Beschäftigung mit ihnen in eigener Regie zu übernehmen: sie zu putzen, zu füttern, ihre Unterkünfte zu säubern und sie dafür zu reiten. Natürlich kommt das nur in Frage, wenn der oder die Reiter das Reiten und die Versorgung von Pferden gelernt haben und das nötige Verantwortungsgefühl besitzen. Und mindestens 14 Jahre sollten sie wohl auch alt sein.

Nun wäre wiederum der Familienrat fällig. Den Heranwachsenden, die vor sich selber und vor anderen beweisen möchten, daß sie eine solche Aufgabe übernehmen und durchhalten können, würde es natürlich Spaß machen – aber haben sie sich alles gut überlegt? Im Gespräch sollten Sie den Enthusiasmus in die richtigen Bahnen lenken und genau feststellen, wieviele Stunden der neuen Aufgabe gewidmet werden müssen und sollen, und die Verantwortung sehr deutlich machen, die damit verbunden ist. Selbst wenn Sie persönlich sich wenig aus Pferden machen, wissen Sie doch als Erwachsene, daß alle Arbeit mit Tieren mit Regelmäßigkeit, Gründlichkeit und Verantwortung verbunden ist. Ist sich Ihr Kind darüber klar und ist es bereit, sich voll einzusetzen, so beobachten Sie genau, wie es weitergeht.

Kein Pferdebesitzer sieht sich Pfusch lange an. Geht Ihr Kind nur gelegentlich den übernommenen Pflichten nach, findet es Ausreden – etwa wenn es regnet oder kalt ist –, verbummelt es sie gar, dann dürfen Sie sich nicht wundern, wenn das Experiment nicht gut ausgeht.

Andererseits kennen wir viele junge Menschen, die sehr glücklich geworden sind mit Pferden, die ihnen „fast" gehörten.

Erzieherisch hat diese Art von Pferdebesitz einige nicht unwichtige Vorteile: Die jungen Menschen müssen sich in manchem nach den Wünschen des Besitzers richten und lernen, sich anzupassen, auch wenn's mal schwerfällt. Um des geliebten Pferdes willen nehmen sie manche Marotte in Kauf. Bei Reitjagden, Festen, Umzügen kann es vorkommen, daß nun plötzlich die Besitzer reiten möchten, und dann schmerzt es schon, das liebevoll gepflegte Pferd nicht selbst zeigen zu dürfen ... Im allgemeinen läßt sich da aber eine Regelung treffen.

Und da wir gerade von Regelungen sprechen: Im Falle des voll adoptierten Pferdes müssen sich die Eltern ganz besonders gut nach allen Voraussetzungen erkundigen, denn nun sind die Kinder ja erstmals ganz auf sich allein gestellt. Man sollte mit dem Besitzer gründlich über den Charakter und die Ansprüche des Pfleglings sprechen, und man sollte sich genau über die Reit- und Ausreitmöglichkeiten erkundigen. Was hilft das beste Pferd, wenn seine Weide inmitten von Häusern und Straßen liegt und der Anritt zum nächsten Reitgelände lebensgefährlich ist?

Für Heranwachsende, die von der Pike auf den Umgang mit Pferden und das Reiten erlernten, bieten sich weitere Möglichkeiten anspruchsvollen Reitens. Eine schöne und wichtige Aufgabe ist es zum Beispiel, ein Pferd, das von nicht sehr erfahrenen Eltern für ein kleineres Kind gekauft wurde und das dazu nicht genügend geschult ist, behutsam zurechtzureiten. Oder für eine ängstliche Besitzerin ein zu heftiges Pferd wieder ruhig zu reiten. Oder – oder... Aus der Praxis sind reichlich Fälle bekannt, in denen geschickte junge Mädchen als Helfer, Zureiter und Lehrer jüngerer Kinder stets interessante Pferde zu reiten hatten, ohne daß es sie viel Geld kostete.

● *Gemietete Pferde*

Wo alles dies nicht möglich oder nicht gewünscht ist, bietet sich Jugendlichen, die nicht im Reitstall reiten möchten oder keinen in der Nähe haben, vielleicht ein anderer Ausweg. In verschiedenen Gegenden halten sich vermehrt die Landwirte wieder Pferde – teils um zu züchten, teils für „Ferien auf dem Bauernhof", teils auch um sie an Reiter zu vermieten. Dabei ist nicht an jene gedacht, die stundenweise Pferde verleihen, sondern an feste Verträge mit einem, zwei oder drei Reitlustigen, die sich in die Unterhaltskosten teilen und dafür ein Pferd haben, das nur von ihnen geritten wird. Der Landwirt pflegt und versorgt dieses Pferd, läßt die notwendigen Impfungen und Wurmkuren durchführen und stellt Sattel und Zaumzeug. Die Reiter einigen sich, wer an welchem Wochentag wie viele Stunden reiten darf.

Die Vorteile sind:

- Man braucht kein eigenes Pferd, kein eigenes Sattelzeug zu kaufen;
- man braucht sich nicht um Futter und Pflege zu kümmern;
- Tierarzt- und Hufschmied-Kosten entfallen;
- man hat dennoch, im begrenzten Rahmen, ein eigenes Pferd.

Außerdem kann man sich im Unterschied zum Reiten in der Reitschule aussuchen, mit wem man ein Pferd teilen möchte. Überdies ist der Mietpreis, wenn sich mehrere in ihn teilen, wesentlich geringer als der für ein eigenes Pferd im Vereinsstall.

★

● *Gemeinsam gekaufte Pferde*

Gelegentlich trifft es sich, daß zwei oder drei Freundinnen oder Freunde nicht Geld und Zeit haben, sich jeder ein Pferd oder ein Pony zu kaufen, wohl aber gerade zurechtkommen, wenn sie ihre Ersparnisse zusammenwerfen. So kauft man denn ein Pferd, das allen gefällt, kauft gemeinsam das erforderliche Sattel- und Pflegezeug und teilt sich sowohl in den Pensionspreis wie auch in die Pflege und die Tierarzt- und Schmiedekosten und einigt sich über die Zeit, in der jeder reiten darf.

Möglich ist so etwas – aber es führt sehr, sehr leicht zum Streit: Ob man ein Pferd gemeinsam mietet oder gemeinsam kauft – stets war es der andere (gar einer von den anderen), der es lahmritt, Eisen verlor, nicht genug putzte, den Sattel im Regen liegenließ, das Tier überanstrengte. Wer zahlt dann den Tierarzt? Wer ist verantwortlich dafür, daß die anderen vielleicht wochenlang im schönsten Sommerwetter nicht reiten können, weil sich das Pferd erholen muß? Die meisten Krankheiten oder Satteldrücke und ähnliches treten erst nach Tagen auf, werden nicht gleich bemerkt: Wie will man noch wissen, wer es verschuldete?

Besonders problematisch ist die Teilnahme an Schauen, Wettkämpfen, Festen und Umzügen, weil da gerade bei Jugendlichen jeder mitmachen möchte. Schwierig wird es auch bei unterschiedlichen Ansprüchen an das Pferd: wenn der eine Mieter/Besitzer gern springen, der andere aber betont vorsichtig durchs Gelände bummeln möchte. Was soll das Pferd lernen? Wer „verdirbt“ es für die Zwecke des anderen?

Wir gehen darauf so ausführlich ein, weil Eltern, die sich selbst nicht mit Pferden beschäftigen, diese Problematik nicht kennen und somit nicht übersehen können. Sie muß die Miete oder den Kauf nicht verhindern, aber sie bedingt zum möglichst reibungslosen Klappen wieder das gemeinsame Gespräch aller Beteiligten und möglichst schriftliche Abmachungen.

Der Wichtigkeit halber fassen wir noch einmal zusammen:

Ob Ihr Kind Ferien mit Pferden erleben darf, Reitstunden nimmt, fremde Pferde reitet, versorgt und pflegt, sich an gemeinsamer Miete oder am Kauf eines Pferdes beteiligt – immer sollte vorher gemeinsam besprochen und am besten schriftlich, mindestens aber vor Zeugen bestätigt werden:

- was das Kind soll und darf;
- was es nicht tun darf;
- welche Versicherungen erforderlich und abgeschlossen sind;
- welche Eigenarten oder gar Untugenden, die Pferde oder Ponys haben;
- welche Pflichten (beim gemeinsamen Besitz) das Kind zu welchen Zeiten übernehmen muß;
- wann es das Pferd bewegen darf.

Nur dann gibt es später keinen Ärger. Auf keinen Fall sollte man einem Kind erlauben, ein Pferd nur auf Grund mündlicher Erlaubnis des Besitzers zu versorgen und zu reiten.

Und lassen Sie Ihr Kind nicht ohne weiteres außerhalb der nächsten Umgebung reiten, wenn Sie das Gelände nicht kennen. Erkundigen Sie sich, wo es vernünftige Mitreiter gibt, denn Kinder dürfen unter keinen Umständen allein irgendwohin verschwinden, wo sie im Falle eines Unglücks hilflos sind. Das Reiten in der freien Natur ist an sich die natürlichste Art, sich mit dem Pferd und zu Pferde fortzubewegen. Doch das, was einst Natur war, ist heute vielerorts lebensgefährlich geworden infolge des immer stärker zunehmenden Verkehrs. Und wer in Halle und Reitbahn zurechtkommt, findet sich noch lange nicht mit den vielerlei Schwierigkeiten des Geländes zurecht. Zum besseren Verständnis dessen, was dort verlangt wird, nennen wir Ihnen im Anhang einige Bücher, die Ihr Kind lesen sollte. Es muß schließlich wissen, wo und wann Reiten verboten ist, wie man sich anderen Wegbenutzern gegenüber verhält, welche Pflanzen giftig sind für Pferde, wie man sein Pferd vor und nach einem Ausritt versorgt, was man tut, wenn es scheut oder durchgeht.

Auf jeden Fall sollte Ihr Kind ein fremdes Pferd zunächst eine Woche auf der Wiese ausprobieren, ehe es sich damit ins Gelände begibt.

6. Der Reiterverein

Soll ein Kind einem Reiterverein beitreten? Das hängt von verschiedenen Voraussetzungen ab, deren wichtigste natürlich die Qualität des jeweiligen Vereins ist. Wir erwähnten schon, wie jammerschade es ist, daß sich die Idee der Ponyclubs für die unter 18jährigen im deutschsprachigen Raum kaum durchsetzt; sie ist auch deshalb so besonders wertvoll, weil nicht nur Kind und Pony zusammenpassen, sondern die jungen Reiter ständig in gleichaltriger Gesellschaft sind und weil aus ihren Reihen die Betreuer der nächsten Generation hervorgehen, die aus eigener Erfahrung genau wissen, wie man Kinder und Pferde am wirkungsvollsten und vergnüglichsten zusammenbringt.

Für den Verein – sofern er gut ist – spricht:

- Meist gibt es einen Reitlehrer;
- Reiter und Pferde sind versichert;
- die Kinder reiten unter Aufsicht auf Pferden, die dem Lehrer bekannt sind;
- es werden Lehrgänge abgehalten, die zum Erwerb von Abzeichen (Jugendreitabzeichen) und Urkunden (Erste Hilfe) führen;
- es werden Film- und Bildabende veranstaltet;
- es gibt gesellige Veranstaltungen wie Musikreiten, Nikolaus- und Weihnachtsfeiern;

- die Kinder können mit der Zeit an gemeinsamen Ausritten, Jagden, Ferienritten und ähnlichem teilnehmen;
- bei Lust und Begabung ist Teilnahme an Turnieren möglich.

Gegen den guten Verein spricht nichts. Schade ist, daß nur in den seltensten Fällen die Kinder sich über die Reitstunden hinaus mit den Pferden – die ja dann schon wieder weiter benutzt werden – beschäftigen können. Das Verlangen vor allem junger Mädchen nach engerem Kontakt mit dem Tier wird kaum je erfüllt. Die meisten Vereins-Reitställe haben zudem kaum Auslauf für die dort arbeitenden Pferde; die Kinder erfahren nur einen Teil des möglichen und erstrebenswerten Pferdelebens. (Ferien auf Ponyhöfen sind nicht zuletzt deswegen so beliebt, weil man den ganzen Tag mit den Tieren gemeinsam verbringen kann.)

Ein guter Verein kümmert sich um die einzelnen Mitglieder und veranstaltet Schauen und Reitertage, die auch dem weniger turnierinteressierten oder weniger begabten Reiter Möglichkeiten der Teilnahme bieten.

Wie gesagt: ein guter Verein.

Hier gilt es für die Eltern, die Augen offenzuhalten. Sind Sie ohnehin besorgt, die Pferdenarrheit Ihrer Tochter könnte Formen annehmen, die Sie finanziell zu stark belasten, sollten Eltern aus reiner Vernunft nicht eben den feudalsten oder zu stark auf Turniere ausgerichteten Verein wählen. Junge Menschen lassen sich von der Umgebung beeinflussen – sie möchten mitmachen, was die tonangebenden anderen tun. Das hat mit dem Reiten an sich nichts zu tun, sondern ist eine ganz allgemeine Erscheinung. Suchen Sie dann lieber einen ungezwungeneren Verein, in dem die Jugend zum Reiten, nicht aber zum Angeben angehalten wird; fahren Sie dazu – wenn Sie Ihr Kind ohnehin zu den Stunden bringen müssen, macht es nichts aus – lieber einen Ort weiter.

Außer den herkömmlichen Großpferde-Vereinen mit Halle und Platz gibt es zunehmend auch Vereinigungen oder Interessengemeinschaften von Reitern, die ihre Pferde selbst betreuen oder ganz bestimmte Rassen bevorzugen (z. B. Isländer, Fjordpferde, Connemara, Quarterpferde, Camargue-Pferde, Paso Fino u. a. m.). Zu diesen Kreisen findet Ihr Kind am ehesten Zugang, wenn es sich vom Reitstall unabhängig gemacht hat (Adoptivpferd, eigenes Mietpferd u. ä.). Einige dieser Vereinigungen erteilen auch Reitunterricht. Die Adressen kann Ihnen jede Fachzeitschrift mitteilen.

In diesem ersten Hauptteil unseres kleinen Buches haben wir versucht, so viele Beschäftigungsmöglichkeiten mit *fremden* Pferden aufzuzeigen, wie uns nur eben einfielen. Das Reiten ist – wir sagten es schon – dabei, ein weit verbreiteter Volkssport zu werden. Das heißt aber nicht, daß es das allenthalben schon ist oder daß man überall unter verschiedenen Formen des Reitens – auf großen oder kleinen Pferden, im Reitstall oder im Gelände – wählen kann. Wer kein eigenes Pferd hat, muß sich dem anpassen, was er findet. *Daß* man eine Menge finden kann, haben wir Ihnen gezeigt. Manchmal muß man kräftig suchen oder eine kleine Anzeige in die Tageszeitung setzen oder alle Schauen und Reitertage der Umgebung besuchen – aber es müßte mit dem Teufel zugehen, wenn ein wirklich pferdenärrisches Kind in unserer Zeit nicht einen Weg zu Pferden findet!

Vielleicht kommen beim Lesen unternehmungslustige Eltern aber auch selbst auf Ideen, wie man sich mit einigen anderen zusammenschließen und sich zur Selbsthilfe organisieren könnte? Eigeninitiative ist meist erforderlich.

Zum Ausklang dieses Teiles, der vom Reiten fremder Pferde handelt, noch eine kurze Bemerkung zu der häufig gestellten Frage, ob es denn überhaupt lohne, ein Kind ein paar Reitstunden nehmen zu lassen. Wir sind überzeugt davon, daß es sich lohnt! Ob Sie ihm – aus welchen Gründen auch immer – nie ein eigenes Pferd kaufen werden, ist nicht so wichtig. Ihr Kind hat *jetzt* Freude am Reiten, es gewinnt eine sinnvolle Freizeitbeschäftigung, und es hat zwischen 10 und 14 auch noch Zeit für sein Hobby. Reiten gehört zu den wenigen Sportarten, die man in jedem Lebensalter wiederaufnehmen und bis ins hohe Alter mit Genuß betreiben kann. Was Ihr Kind *jetzt* lernt, kommt ihm vielleicht später zugute, wenn die eigenen Lebensumstände ihm gestatten, sich dem Reiten ausgiebiger zu widmen, sich gar doch das ersehnte Pferd zu kaufen.

Das eigene Pferd

Ein Wort an die Eltern: Sind Ihre Kinder den bis hierhin beschriebenen Weg über das erste Kennenlernen in den Reiterferien, frühen Voltigier- und anschließenden Reitunterricht in einem ausgesuchten Reiterverein gegangen, haben sie erste eigene Verantwortung mit einem „adoptierten" Pferd gewonnen, so wird der Wunsch nach einem eigenen Pferd keine Überraschung für Sie sein. Und je mehr Sie sich in den Jahren des Lernens mit Ihrem Kind über seine Liebhaberei unterhalten, je genauer Sie es dabei beobachtet haben, um so leichter fällt Ihnen nun die Entscheidung. Sie sind ja gemeinsam mit Ihrem Kind schon ein bißchen Fachmann geworden und wissen, ob Sie sich die Belastung, die der Besitz eines eigenen Pferdes mit sich bringt – neben der Freude! – zumuten wollen.

Vielleicht haben Sie aber dieses Buch gekauft, weil Ihr Kind Sie plötzlich und ohne lange Vorbereitung mit dem Wunsch nach einem eigenen Pferd bedrängt. Pferdenarren können sehr hartnäckig sein; sie versuchen, die ganze Umgebung einschließlich der näheren und weiteren Verwandtschaft und aller erreichbaren Bekannten anzustekken. Von den Sonntagsausflügen an die Koppeln sprachen wir schon; Besuche in Reitschulen, auf Ponyhöfen, von Pferdeveranstaltungen und Schauen folgen – alle erbettelt, hartnäckig oder listig herbeigeführt. Aus zufälligen Begegnungen werden regelmäßige Besuche; die Kinder machen sich selbständig, wissen bald in Verkaufsställen Bescheid, studieren Anzeigen in der Zeitung, fahren hin. Und dann wünscht sich der Pferdenarr – vielleicht sogar zusammen mit den überredeten Geschwistern – ein Pferd. Zu Weihnachten (die nächsten 10 Weihnachten eingeschlossen, Ehrenwort), zu den Geburtstagen (auf Jahre hinaus) und für „gute Taten" wird nur eins gewünscht: das Pferd. Womöglich ein ganz bestimmtes, das sie bereits täglich besuchen, das ihnen schon entgegenwiehert.

Es gibt Umstände, die die Erfüllung eines solchen Wunsches von vornherein ausschließen. Zunächst selbstverständlich Ihre finanzielle Situation. Wir kommen darauf gleich zu sprechen und geben Ihnen nähere Einzelheiten dazu im Abschnitt „Mit welchen Kosten muß der Pferdehalter rechnen?". Andere Umstände erschweren die Erfüllung des Wunsches so sehr, daß es den Eltern keine Mühe macht, auch die Kinder davon zu überzeugen: zum Beispiel sehr schlechte Noten in der Schule, keine Unterstellmöglichkeiten in stark industrialisierten Gegenden und ähnliches. Daß ein Pferd nicht auf dem Balkon im siebten Stock eines Großstadt-Wohnblocks gehalten werden kann, leuchtet auch den Närrischen ein.

Aber in weiten Teilen unseres Landes wäre es eben möglich, wenn, ja wenn die Eltern nur wollten! Der Großvater (der früher vielleicht Pferde besaß oder mit ihnen arbeitete) ist heimlich längst gewonnen; er kundschaftet schon in aller Stille Weide und Stall aus und schenkt den überglücklichen Enkeln ein nagelneues Stallhalfter. Wie können die Eltern noch nein sagen, zumal dann, wenn Großvater und Enkel gemeinsame Ersparnisse vorzeigen, die fast zum Pferdekauf reichen? Wie schnell ist dann ein Pony gekauft! Die Kinder sind zufrieden, selbst wenn es nicht das Traumpferd ist (das nicht verkäuflich war), und glücklich nehmen sie den neuen Hausgenossen in Empfang, der nun ins Familienleben eingeplant werden muß.

Von nun an kann alles gutgehen: Selbst die Überraschungen, die sich noch lange Zeit fast täglich einstellen werden und die meist nicht ganz angenehm sind, werden vom Enthusiasmus der Kinder im Verein mit Opas tatkräftiger Hilfe gemeistert.

So *kann* es kommen; aber nach übereilten Käufen kommt es nur selten so. Besser ist es, den neuen Hausgenossen einzuplanen, *ehe* er da ist, und Für und Wider sorgsam zu überlegen. Seit Opas letztem Gnadenbrotpferd, dem treuen Kaltblüter Hans, sind doch etliche Jährchen vergangen, in denen die Kraft des alten Herrn auch nicht wuchs; und die Neuerwerbung ist überdies ganz anders als der gute Hans, will anders behandelt und versorgt werden; und wenn nicht alle Voraussetzungen gut geplant sind, wird den Kindern die Arbeit bald lästig. Die stolzen Ponybesitzer sind einfach noch zu jung und unerfahren; bald tauchen Probleme über Probleme auf. Man fragt sich entmutigt, was man denn alles falsch gemacht hat: Das Pferd scheint nicht das richtige zu sein, der Zaun auch nicht, im Stall ist immer alles schmutzig, der Mist – wohin damit? – türmt sich zu einem Berg . . . Das sah im Fernsehen nie so aus, und in den meisten spannenden Erzählungen war davon nicht die Rede. Kurz: Um mit einem eigenen Pferd glücklich zu werden, muß man sich vor dem Kauf gründlich über alles unterrichten, was auf einen zukommt – ganz besonders gründlich, wenn es sich um ein Pferd für ein Kind handelt.

1. Was tun, wenn Kinder sich ein eigenes Pferd wünschen?

Da an ein prinzipielles Nein wohl nicht gedacht ist (sie hätten es sonst ausgesprochen, ohne dieses Buch zu kaufen), wäre nun der Familienrat wieder einmal fällig. Zu ihm zählen alle Familienmitglieder ab Schulalter und die Eltern. Diese hören sich die Vorstellungen der Kinder am besten ohne Kommentar an, um herauszufinden, *weshalb* es denn unbedingt ein eigenes Pferd sein soll.

- Sind sie im Reitstall unglücklich?
- Möchten Sie ein eigenes Pferd, weil auch die Freunde eines haben?

– Möchten sie dringend an Wettkämpfen teilnehmen und reichen dazu die Schulpferde nicht aus?
– Sehnen sie sich als Tierfreunde einfach nach etwas, das lebendig ist und Kamerad sein kann – würde es ein Hund dann auch tun?

Ob Ihre Kinder sich leicht für eine Liebhaberei begeistern und sie dann genauso rasch wieder fallenlassen, wissen Sie als Eltern ja schon; in diesem Falle erübrigt sich jede Diskussion, denn die Anschaffung eines Pferdes ist mit zuviel Geld und Mühe verbunden, um sie als nur vorübergehenden Spaß anzusehen.

Bei echter Begeisterung aber – Sie erkennen sie an der Intensität, mit der sich die Kinder dem Thema widmen, Bücher (nicht nur Erzählungen, sondern Sachbücher) lesen, Informationen zusammentragen und sich über die Möglichkeiten der Pferdehaltung bis ins einzelne unterrichten – ist es sicher sinnvoll, gemeinsam alle anstehenden Probleme zu erörtern.

Am problemlosesten ist es, wenn Ihr Kind an Wettkämpfen teilnehmen oder sich auf einem eigenen Pferd in der Reitschule reiterlich weiterbilden möchte und Sie diesen Wünschen wohlwollend gegenüberstehen. Sie werden dann mit Hilfe des Reitlehrers, der die Fähigkeiten Ihres Kindes kennt, ein passendes Warmblutpferd kaufen und es

---

Ein eigenes Pferd – der Traum vieler pferdebegeisterter Mädchen und Jungen ▶

in einer Box des Vereins unterstellen, wo es auch versorgt wird. Ihr Kind reitet dann wie bisher, nur auf eigenem Pferd, weiter. Sie wissen also genau, was auf Sie zukommt. Auch reicht das fachliche Wissen, das Sie und Ihr Kind sich bisher im Verein aneigneten aus, Sie für das Abenteuer des Pferdebesitzes zu wappnen.

Ob Sie diesen Weg gehen, ist eine Frage der inneren Einstellung und des Geldes. Um letzteres vorwegzunehmen: Das Unterstellen von Pferden in Boxen kostet, je nach Art und Lage des Vereins und der Leistungen (z. B. außer Füttern und Pflegen noch Einzelunterricht oder Förderung des Pferdes) zwischen 400,– und 700,– DM im Monat, zuzüglich Kosten für Tierarzt, Schmied, Transporte zu Turnieren und so weiter.

Was die innere Einstellung betrifft, so gibt es heute bei uns Reiter, die im Verein mit Halle und Platz ihr Pferd arbeiten, und solche, die ihr Pferd in eigene Pflege nehmen und es am liebsten im Gelände reiten möchten (und natürlich solche, die von beidem etwas tun). Zum besseren Verständnis schildern wir Ihnen kurz die Entwicklung der Reiterei im deutschsprachigen Raum.

Reiten und Pferdehaltung waren in diesen Ländern bis zum letzten Krieg weithin von den Traditionen und dem praktischen Gebrauch des Pferdes beim Militär oder in der Landwirtschaft geprägt. Nach dem Krieg wurde das Altgewohnte leicht abgewandelt für das, was nun neue Tradition begründete: den Sport der Turnierplätze. Darauf spezialisierten sich die offiziellen Organisationen der Reiterei, die verantwortlich sind für die Ausbildung von Reitlehrern und die Ausschreibung von Turnieren. Nach diesen Richtlinien wird auch in den meisten Vereinen gelehrt und geritten, deren Mitglieder ohne große sportliche Ambition nur in der Freizeit reiten.

Neben dieser Art des Reitens und der Pferdehaltung hat sich zunächst langsam, dann immer schneller, eine andere Auffassung vom Reiten entwickelt, die das Pferd in den eigenen Lebensbereich einbezieht. Jene Länder der Welt, deren Traditionen nicht in der Kavallerie begründet sind – wir nennen als Beispiel nur die USA mit der Pionier-Tradition und heute über 9 Millionen Freizeitpferden – sind uns darin vorangegangen. Sie züchten und halten handliche, charakterlich gefestigte, brave Pferde nach persönlichem Geschmack, die nicht danach ausgesucht werden, wie hoch sie springen können oder wie sehr sie sich zur Dressur eignen, sondern danach, wieviel Entspannung sie dem Normalreiter geben und wie problemlos sie sich der Haltung beim Haus einfügen. Heute gibt es auch im deutschsprachigen Raum Reitpferde von 135 cm Widerristhöhe ab: Welshponys, Connemaras, Isländer, Fjordpferde, Haflinger, New Forests – und so weiter, bis hin zum klein gebliebenen deutschen Warmblüter. In dieser reichen Palette finden Sie, wenn Sie ein Pferd in eigene Regie nehmen möchten, am ehesten das passende Pony für Ihr Kind.

Wollen Sie sich also aus finanziellen Gründen oder denen der inneren Einstellung nicht zum Stallpferd im Verein entschließen, wird eine weitere grundsätzliche Überlegung notwendig: Ganz ohne elterlichen Einsatz geht es nun nicht mehr! Selbst das kleinste Pony, untergestellt beim Bauern, ist in *Ihre* Verantwortung gegeben, denn kein Kind kann allein mit allem fertig werden, was der Besitz eines so großen, stabilen, dabei krankheitsanfälligen und (wir sprechen in diesem Kapitel noch ausführlich darüber) in ein Netz von Verordnungen und Vorschriften eingespannten Tieres mit sich bringt. Von nun an müssen Sie nicht nur das Engagement Ihres Kindes prüfen, sondern sich auch darüber klarwerden, welche zusätzlichen Belastungen *Sie selbst* auf sich nehmen wollen. Der Besitz eines oder mehrerer eigener Ponys oder Pferde gestaltet sich um so leichter, je größer das Interesse der ganzen Familie daran ist. Betrachten wir das nun im einzelnen.

2. Welche Pferdehaltung ist wo möglich?

Zur Beantwortung dieser Frage ist Ihr Wohnort entscheidend. Das Hochhaus in der Großstadt schlossen wir bereits aus. Für die Hochhaus-Kinder wird es wohl beim Pferd im Reitstall und dem bewährten Trost bleiben, daß man sein ganzes Leben lang reiten kann und die Umstände es später vielleicht ermöglichen, ein Pferd zu halten. Bis dahin kann man sich durch gezielte Lektüre darauf vorbereiten.

So bleiben:

a) die Wohnung am Stadtrand, mit Blick auf vielleicht ungenutzte oder mitzubenutzende Weiden eines Bauern;

b) ein Haus in der Kleinstadt oder im Dorf mit eigenem Grund, der zum Weiden genutzt werden könnte, oder mit Bauernnachbarschaft oder mit Pachtmöglichkeit nahebei;

c) Haus oder Wohnung auf dem Lande.

a) und b) sind der Pferdehaltung günstig, sofern Eltern und Kinder kontaktfreudig sind und mit Bauern Freundschaft schließen können. Da muß man schon mal am Sonntagmorgen zum Frühschoppen gehen, am Zaun mit dem Nachbarn sprechen und meist vorhandenes Mißtrauen langsam abbauen. Je genauer Sie wissen, was Sie für Ihr Pony (denn ein solches sollte es als Erstbesitz eines Kindes sein) brauchen, um so leichter gehen die Verhandlungen vonstatten:

Ein robustes Pony – zwischen 130 und 150 cm groß – benötigt zu seinem Wohlergehen ganzjährig etwa ¼ bis ½ ha Weide, falls es sie allein beweidet. Hält der Bauer Rinder, so gilt die Faustregel (von erfahrenen Bauern selbst aufgestellt), daß auf je 7 Rinder 1 Pony kostenlos mitlaufen kann. Noch günstiger ist es für den Bauern, wenn er die Ponys *nach* den Rindern auf die Weide läßt: Pferde nehmen sehr gern das Gras, das auf dem Kot der Rinder wächst und das, weil die Rinder es verschmähen, beim Abtrieb in hohen, sattgrünen Büscheln stehenbleibt und dann gemäht werden müßte. Umgekehrt stürzen sich Rinder und Kühe auf die Geilstellen, die Pferde dort stehenlassen, wo auf ihrem Mist Gras nachwächst. Das erspart dem Bauern Arbeit.

Manche Bauern sind mißtrauisch bei dem Vorschlag, Pferde und Kühe zusammen grasen zu lassen; sie befürchten, die Pferde könnten die Rinder jagen. Das trifft aber nur auf stallgehaltene Pferde zu, die ihren Stallmut austoben möchten. Pferde (und Ponys, die wir, wie Sie wissen, beim Oberbegriff „Pferde“ stets auch meinen) denken aber gar nicht ans Jagen, wenn sie ganzjährig draußen sind und Tag und Nacht mit den Kühen grasen.

Außerdem brauchen Pferde einen immer zugänglichen, dreiseitig geschlossenen *Schuppen,* eine Schutzhütte, die zugfrei sein muß und sauber; sie suchen sie im Sommer gegen Hitze und Fliegen, in der übrigen Zeit vor allem bei scharfem Wind auf (s. Zeichnung). Gegen Kälte schützen sich draußen gehaltene Pferde durch ein dichtes Fell.

Achtung: Manche Landwirte sind es von früher her, als die Pferde noch ganztags arbeiteten, gewöhnt, sie einfach zu Kuh und Schwein in den oft dunklen, muffigen und viel zu warmen Stall zu stellen. *Das ist grundfalsch.* Pferde brauchen viel Licht und Luft und Bewegung: Ihre Lunge ist sehr anfällig gegen feuchte Wärme und muffige Luft.

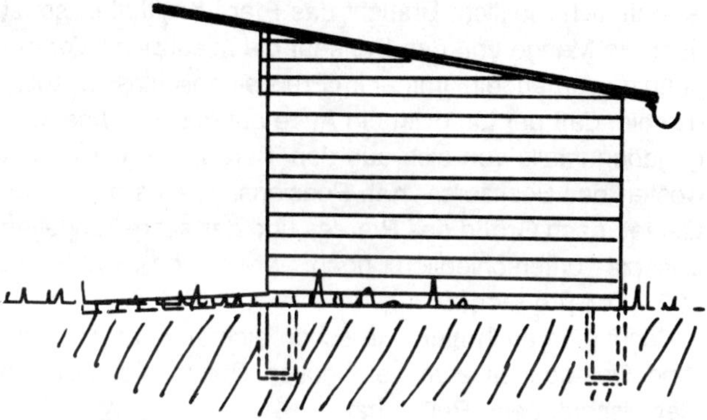

Viel zuviele Pferde stehen, auch im Privatbesitz, tagelang im Gefängnis enger Boxen und kommen kaum je ins Freie. Was Wunder, daß sie dann die verkrampften Glieder zu lösen versuchen durch Buckeln und Umherspringen und Laufen! Bei weidegehaltenen Pferden mit Offenstall kommt das kaum je vor – ein Gesichtspunkt, der wegen der Sicherheit Ihres Kindes ausschlaggebend sein sollte.

Ein zugluftfreier Weideschuppen, eine frei begehbare, ebenfalls zugluftfreie Scheune sind für Pferde besser als die schönste Box.

Der Landwirt, bei dem Sie ein Pferd in Pension geben, sollte für stets frisches Wasser sorgen und im Winter Heu und Stroh zufüttern. Jede Art von weiteren Abmachungen ist natürlich möglich: Braucht das Pferd Kraftfutter, so ist über die Menge und den Preis für die zusätzliche Versorgung zu verhandeln. Immer im Preis eingeschlossen sollte es sein, daß der Landwirt ein Auge auf das Pferd hat und gegebenenfalls von sich aus den Tierarzt – natürlich auf Kosten des Besitzers – ruft. Pensionskosten sind je nach Gebiet, nach Größe des Pferdes und der ausgehandelten Zusätze unterschiedlich hoch: etwa von 150,– bis 300,– DM pro Monat.

Wichtig ist auch hier, wie schon einmal betont, daß Ihr Kind Gelegenheit zum gefahrlosen Reiten draußen und Gesellschaft beim Reiten hat.

Um Ärger aus dem Wege zu gehen, fragen Sie Ihren Landwirt nach einer „Stall- und Weideordnung": Halten Sie darin präzise fest, was Ihr Kind tun darf und was nicht, und was an Eigenleistung erwartet wird (z. B. die Fell- und Hautpflege).

b) und c) ermöglichen, bei eigenem oder gepachtetem Grund und Boden, die Eigenhaltung des Pferdes (siehe Seite 65). Viele Besitzer, vor allem von naturnah gehaltenen Robusten aller Rassen, schwören auf das Pferd „hinterm Haus". *Hier geht es nun ganz und gar nicht mehr ohne die Eltern,* denen – trotz gutem Willen des Kindes – die Hauptarbeit obliegt. Ein Pferd muß *regelmäßig* versorgt werden. Es muß unbedingt freien Zugang zu frischem Wasser haben; das kann bedeuten, daß ein Elternteil mehrmals täglich mit dem Eimer auf die Weide geht oder dort einen Bottich nachfüllt, gegebenenfalls die Selbsttränke kontrolliert. Ferner muß das Pferd pünktlich gefüttert werden: Bei Zugabe von Kraftfutter mindestens zweimal täglich um die gleiche Zeit. Und eben – die meisten Kinder können das alles schon wegen des Schulbesuches nicht selbst machen.

Hinzu kommt, daß Pferden und vor allem Ponys, die sich langweilen, gern Unfug einfällt: Sie springen über den Zaun oder rollen sich darunter durch, stehen im eigenen oder im Nachbarsgarten, gehen auf die Wanderschaft... In all diesen Fällen müssen die *Eltern* (meist wohl die Mutter) sich um das Tier kümmern: müssen es zurückbefördern, den Zaun wenigstens provisorisch reparieren.

Die Pferdehaltung in eigener Regie hat viele Vorteile und wird von den Kindern enthusiastisch begrüßt werden: Man ist freier im Umgang mit den Tieren, kann sie vor dem Schlafengehen noch besuchen, lernt ihren Charakter besser kennen, freundet sich inniger mit ihnen an – *aber* sie hat auch die schon erwähnten und noch zu erwähnenden Nachteile des größeren persönlichen Einsatzes der Erwachsenen. Sind diese selber von Natur aus Pferdefreunde oder sind sie es im Verlaufe der reiterlichen Entwicklung ihrer Kinder geworden, wird er gerne geleistet, wie die vielen Tausende Haushalte mit eigenen Pferden beweisen. Nur muß man sich von vornherein darüber klar sein.

3. Welches Pferd kommt in Frage?

Dieses Buch möchte Sie immer im Hinblick auf die Bedürfnisse Ihres *Kindes* beraten, wobei wir primär davon ausgehen, daß Sie selber nicht reiten. Handelt es sich nun um das erste Pferd Ihres Kindes, so können wir Ihnen nicht dringend genug zu einem robusten, ruhigen Tier mit möglichst wenig Ansprüchen an die Haltung raten! Zwar läßt sich *jedes* Pferd, das nicht dauernd im kommerziellen oder sportlichen Einsatz steht, ganzjährig im offenen Stall oder in solider Schutzhütte auf ausreichend großem Weidegrund halten, doch sind mittelgroße Pferde (130–150 cm) naturnaher Rassen für diese Haltung eher geeignet als empfindlichere größere Tiere oder solche mit Einkreuzung von Vollblut oder Araberblut (sogenannte „Kreuzungen"). Sie sind auch im Temperament gelassener, und auf ein ganz gelassenes, ausgeglichenes, vernünftiges Temperament sollte es Ihnen für Ihr Kind zuallererst ankommen! Das hat nichts mit Faulheit zu tun; wir kennen genügend hochgezüchtete, nervöse, irrtümlich als „temperamentvoll" angesehene Pferde, die unter dem Sattel nach kurzer Zeit faul und lustlos sind.

Für Kinder und Heranwachsende sollten Sie unbedingt ein *Pony* kaufen. Stellen Sie sich darunter bitte nicht ein

winziges Shetlandpony vor: Im deutschen Sprachbereich wird alles mit Pony bezeichnet, was bis zu 150 cm groß ist. Für Eltern und Kinder, die ein Pferd in volle Eigenpflege und -versorgung nehmen, ist das reichlich groß genug! Ponys bringen, da sie überwiegend im Verband kleiner Herden oder doch mehrerer Stuten und Fohlen im Freien aufwachsen, eine gute Gesundheit mit und haben sich bereits jene Unterordnung an den Herdenboß oder ranghöhere Pferde angewöhnt, die die Anpassung an den Menschen (auch den kleinen) erleichtert. Durch den steten Kontakt mit ihresgleichen sind sie auch nicht so empfindlich gegen Menschenhände oder -bewegungen, nehmen die Ungeschicklichkeit der Anfänger nicht so krumm.
Eine sehr bewährte Faustregel sagt:

Dem jungen Reiter ein altes Pferd,
dem jungen Pferd ein alter Reiter.

Halten Sie sich daran, so kommt ein zu junges Pferd für Ihr Kind ebensowenig in Frage wie eines, das noch nicht fertig eingeritten ist. Junge Pferde sind selbst noch Kinder – wissen nicht, was von ihnen erwartet wird, erschrecken vor allem Unbekannten und ergreifen die Flucht, sind auch oft aus Übermut und schierer Lebensfreude kaum zu bändigen. Je jünger Ihr Kind ist, um so älter und vernünftiger sollte das Pony sein. Hat es vorher schon in anderer Familie ein paar Jahre kleinere Kinder zur Zufriedenheit der Eltern getragen, sollte es Ihnen einen Extrapreis wert sein.

Ein Pony von einem Kind einreiten zu lassen, geht fast

immer schief. Es gibt zwar das seltene Musterexemplar, das sozusagen von selbst unter dem Sattel geht, aber es bleibt die Ausnahme.

Ganz schlimm ist es, wenn Ihnen ein zwei- bis dreijähriges Pony als bereits „eingeritten" angeboten wird. Lassen Sie die Hände davon! Kein Pony sollte eher als mit vollendetem 3. Lebensjahr – Isländer erst mit 5 Jahren – eingeritten werden – vorher ist es noch ein Pferdekind. Der zu frühe Gebrauch schadet Knochen und Sehnen, das Pferd ist für Sie nicht mehr gesund genug.

Suchen Sie also nach einem soliden, munteren Pferd einer gut bekannten Robustrasse, am besten zwischen 8 und 15 Jahre alt. Es sollte auch für ein jüngeres Kind nicht zu klein sein, weil Kinder in diesen Jahren schnell wachsen und dann über das Pony hinauswachsen. Ein stabiles Pony ab 135 cm aber können sie später auch als Erwachsene noch reiten.

Etwas anders liegt die Sache, wenn Sie einem jüngeren Kind, dessen größere Geschwister schon Ponys haben, sehr früh auch ein Pony schenken möchten. Es ist dann bereits einige Pferdeerfahrung vorauszusetzen; das Kind ist vertraut mit Pferden; Sie können unbesorgt ein gutgerittenes Shetty oder Dartmoor-Pony kaufen (für Kinder von 4–10 Jahren), oder ein kleineres New-Forest-Pony (für Kinder von 6–12 Jahren). Das gleiche trifft zu, wenn sich die Eltern sehr viel um ein reitendes Kleinkind kümmern und zum Beispiel mit Kind und Shetty lange Spaziergänge unternehmen. In diesem Falle ist es nur noch ein Schritt dahin, das Pony in einen kleinen Wagen zu spannen und gemeinsame Fahrten zu machen. Solch ein Klein-Pony bleibt meist auch noch in der Familie, wenn das Kind für es zu groß geworden ist.

Die Idee, aus Kostengründen, oder weil es sie alle so entzückt, ein Fohlen zu kaufen, sollten Sie gar nicht erst aufkommen lassen. Nichts paßt weniger zusammen als ein Kind und ein Fohlen: Beide bedürfen der Aufsicht, der sorgsamen Erziehung, des sehr verständnisvollen Erwachsenen. Kleine Hunde tollen gern mit kleinen Kindern herum; man kann sie getrost miteinander aufwachsen lassen. Doch ein Hund ist grundverschieden vom Pferd. Ein Hund wächst mit Geschwistern in einem „Nest" auf; seine Knochen sind weich, sie passen sich dem Knäuel von Welpen an, die da übereinander und untereinander und nebeneinander im Körbchen liegen – sie passen sich auch dem Kind an, das den Hund auf den Schoß nimmt. Ein Welpe muß sich mit den anderen arrangieren und nimmt einen Knuff nicht übel; er ist gewohnt, dauernd mit den Geschwistern zu balgen und balgt sich auch mit dem Kind voll Wonne. Ganz anders das Fohlen. Es ist – wir sagten es schon – ein Fluchttier, seine Knochen sind hart und kräftig, es kennt keine Balgerei und mißversteht die Aufforderung Ihres Kindes zum Spiel; es ist sehr selbständig und ordnet sich nur der manchmal recht nachdrücklichen Mutter unter – für Ihr Kind sind seine Regungen und spontanen Bewegungen viel zu gefährlich.

Mag es also noch so preiswert und süß sein: Hände weg! (Ganz abgesehen davon, daß man dem Fohlen damit nichts Gutes täte. Seine Aufzucht setzt Spezialkenntnisse beim Halter voraus; es braucht unbedingt die Gesellschaft gleichaltriger anderer Fohlen und sehr viel Auslauf. Und außerdem wächst es schnell aus dem Stadium des „süßen" Anblicks heraus.)

Bedenken Sie auch, daß das niedliche Fohlen drei Jahre lang herumläuft, ohne genutzt werden zu können. Bringt Ihr Kind so lange die Freude an einem Geschöpf auf, das draußen auf der Weide ein Eigenleben führt, nicht mit ihm spielen, wohl aber versorgt werden will und nicht geritten werden kann? Bringen *Sie* die Geduld dazu auf?

Hengste sind ebenfalls unter gar keinen Umständen für Kinder und Jugendliche geeignet. Temperament, Ungestüm und Freiheitsdrang eines Hengstes überfordern schon den erwachsenen Reiter – wieviel mehr erst ein Kind. Außerdem wird der sanftmütigste Hengst unberechenbar, wenn er eine rossige Stute wittert. Die Kraft seines Naturtriebes ist dann viel stärker als jede Maßnahme des verzweifelten Kindes: Und kein Hengst kennt die Verkehrsvorschriften auf der Straße!

Stuten sind umgänglicher; einige wenige sind während der „Rosse" schwierig oder unleidlich. Sie werden häufig – obwohl teurer in der Anschaffung – Wallachen vorgezogen, weil im Kopf des Käufers die Vorstellung herumspukt, sie könne hin und wieder ein Fohlen bringen. Tragende und später säugende Stuten sind aber keinesfalls zuverlässige Gebrauchstiere – vor allem nicht für Kinder. Während der Trächtigkeit und später aus Sorge um ihr Fohlen leicht gereizt, können sie Menschen und anderen Pferden gegenüber mitunter unberechenbar sein. Während der Trächtigkeit muß man beim Reiten Rücksicht nehmen; mit dem Fohlen bei Fuß kann man gerade Kinder die Stuten nicht gefahrlos reiten lassen.

Wallache sind die idealen Kinderpferde: geduldig, umgänglich, ausgeglichen und immer bereit zum Gebrauch. Natürlich gibt es lammfromme Hengste und Stuten und rapplige Wallache, *im allgemeinen* aber gilt das hier Gesagte.

Am wenigsten sollten Sie ein Pferd nach dem Aussehen kaufen; Charakter, Gesundheit und Eignung für diesen speziellen Zweck sind vorrangig.

Kaufen Sie niemals ein schwieriges, verdorbenes Pferd, einen Beißer, Schläger oder Durchgänger! Auch wenn das Pferd „fast geschenkt" ist – für Ihr Kind ist es zu teuer. Selbst ein guter jugendlicher Reiter ist einem schwierigen Pferd auf die Dauer nicht gewachsen.

Wir fassen zusammen:

Für Kinder und Heranwachsende eignen sich, bei Eigenhaltung, am besten Ponys jener robusten Rassen, die zwischen 130 und 150 cm hoch, an Offenhaltung gewöhnt und von gelassenem Temperament sind; Wallache werden bevorzugt. Unsere Umwelt wird von Tag zu Tag un-natürlicher: Sie ist auf Autos eingerichtet, nicht mehr auf Pferde. Halten Sie alle bestehenden Gefahren so gering wie möglich, indem Sie für Ihr Kind hektische, unsichere, zu junge, zu schreckhafte Ponys ablehnen – mögen sie auch noch so hübsch oder billig sein.

Möchte Ihr Kind mit einem Pony an Turnieren und Wettbewerben teilnehmen, gehört es sicher einem Pony-Verein an oder hat einen Reitlehrer, der Sie beraten kann. Vielleicht empfiehlt er Ihnen einen „eleganteren" Typ, eine Araberkreuzung etwa. Wir möchten Ihnen raten, auch dieses Schaupony möglichst viel auf die Weide zu schicken und es möglichst wenig in die Box zu sperren: Je höher der Anteil von „Blut" ist, um so entspannter sollte man die Ponys halten – und sei es nur um der Sicherheit des Kindes willen.

Für den Fall, daß Ihr Kind jahrelang den mehrfach geschilderten Ausbildungsweg vom Voltigieren über das Bahnreiten bis zur Betreuung eines adoptierten Pferdes gegangen ist, brauchen Sie bei der Wahl des eigenen Pferdes nicht mehr ganz so sicherheitsbedacht zu sein: Erfahrene jugendliche Reiter sind manchmal sehr geduldig und geschickt beim Zureiten junger Ponys, die aber *niemals* jünger als 3 Jahre sein sollten.

4. Wie wird das eigene Pferd gehalten?

Von den Mindestanforderungen robuster Ponys sprachen wir schon: ¼ bis ½ ha Weide plus Heu und Stroh im Winter plus frei zugänglichem Offenstall. Wenn Sie bei der Beratung im Familienkreis diese an den Bauern gestellten Forderungen nun an sich selbst stellen, bedenken Sie das folgende:

Der Landwirt verfügt meist über zusammenhängende, eingezäunte, mit Wasserzufuhr versehene Weiden, die er regelmäßig für den eigenen Bedarf (Rindvieh- oder Milchkuh-Haltung) düngt und gelegentlich abschleppt, wobei der Mist verteilt wird.

Können Sie ähnliche Weiden pachten und Ihr Pony darin laufen lassen, bleibt Ihnen immer noch die Düngung und die Reinigung der Weiden überlassen: zwei Tätigkeiten, die unerläßlich sind, wenn die gepachteten Flächen auf lange Zeit gutes und ausreichendes Futter liefern sollen. Die verschiedenen Düngungen erfolgen mehrmals jährlich; der Mist muß regelmäßig – mindestens einmal wöchentlich – mit Schaufel und Karre entfernt werden.

Gleich hier möchten wir Sie nach den Erfahrungen jahrzehntelanger Praxis vorwarnen: Ponys bleiben meist nicht lange allein! Entweder schaffen Sie selbst für ein weiteres

Familienmitglied noch ein Pferd an, oder es kommt eine Freundin, ein Freund Ihres Kindes und möchte auch ein Pony unterstellen (was sowohl den Vorteil hätte, daß das Pony nicht mehr allein ist, als auch den, daß Ihr Kind nicht mehr allein arbeitet und reitet). Kalkulieren Sie das im Familienrat bei den anfallenden Arbeiten und bei der Größe der vorhandenen oder zu pachtenden Grundstücke gleich mit ein – spätere Vergrößerungen stoßen oft auf Schwierigkeiten.

Da in den regenreichen Spätwinter-Monaten und während des Weidewachstums im März die Weiden geschont werden sollten, Ihre Pferde aber Auslauf brauchen, planen Sie am besten gleich einen mindestens 8 x 10 m großen, teilweise *befestigten* Auslauf mit ein. (Je mehr Ponys, um so mehr Auslauf und Hüttenraum, je schlechter die Bodenqualität, um so mehr Weideland.)

Mit dem oft gehörten „Auslauf im Garten" kommt nur ein Shetlandpony aus, und auch für dieses müssen 1000–1500 m^2 nebst einer kleinen Schutzhütte zur Verfügung stehen. Das Pferd, das sich als Rasenmäher betätigt und dabei satt wird, können Sie vergessen.

Nun ist es aber ein Glücksfall, wenn Sie genügend eingezäunte Weiden pachten können oder besitzen. Meist kann man irgendwo Ödland oder sonstige brachliegende Flächen bekommen. Bedenken Sie, daß Sie in diesem Falle erst einmal *Zäune* erstellen müssen – und zwar nicht nur rund um einen ausreichend großen Komplex herum, sondern auch zu dessen Unterteilung. Pferde grasen nämlich selektiv, das heißt, sie suchen sich die besten Stellen aus und lassen weniger gut schmeckendes Gras stehen – mit dem Ergebnis, daß die Weide bald aussieht, als seien die Motten drin; die Pferde sind im Handumdrehen zu fett und rühren den Rest nicht mehr an. Wir müssen sie leider zwingen, vernünftiger zu speisen, indem wir ihnen kleine *Portionsweiden* zuteilen (jede dieser Parzellen muß mit Frischwasser versorgt werden!).

Werden Sie die großen Weiden des Landwirts meist mit preiswertem *Stacheldraht* eingezäunt sehen, so denken Sie bei Ihren kleineren Weiden am besten gar nicht erst daran. Für Kühe, die weniger schreckhaft und verspielt sind, deren Haut weniger empfindlich ist, genügt Stacheldraht; Pferde hingegen rennen aus Angst oder im Spiel (mit den schlimmsten Folgen, wenn sie mutwillig gejagt werden) in den Zaun, verhaken sich in den Stacheln und reißen sich

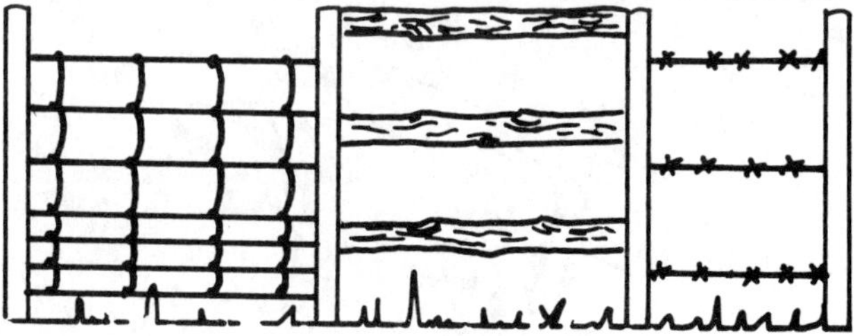

Knotengitter Schwartenzaun Stacheldraht

blutige Wunden, wobei es häufig geschieht, daß Sehnen oder gar Muskelstränge durchgerissen werden.

Kalkulieren Sie also schon bei der Vorplanung anderes ein. *Knotengitter* und *Maschendraht* sind sehr teuer; glatten *Spanndraht* leiern Pferde bald aus, wenn sie – was sie regelmäßig tun – den Kopf hindurchstecken, um das Gras am Wiesenrand zu naschen. Ganz gewissenhafte Pferdebesitzer koppeln ihre Weiden mit *Stangen* oder *Schwarten* ein; das sieht wunderbar aus, ist aber in der Anschaffung ebenfalls teuer und verlangt regelmäßige Pflege (Anstrich mit Karbollneum, da die Pferde das Holz sonst anknabbern). Handelt es sich um kleine Weiden für 1 oder 2 Ponys, sollte man die teureren Einzäunungen dennoch in Erwägung ziehen; es sind einmalige Anschaffungen, die dem Halter viel Ärger und zusätzliche Kosten in späteren Jahren ersparen.

Ponys scheuern sich gerne an den Zaunpfosten und drücken sie dabei um.

Ein *Elektrodraht,* der innen über Isolatoren entlanggezogen wird, hindert sie daran. Ein *Batteriegerät* kostet je nach Ladestärke zwischen 270,– bis 650,– DM.

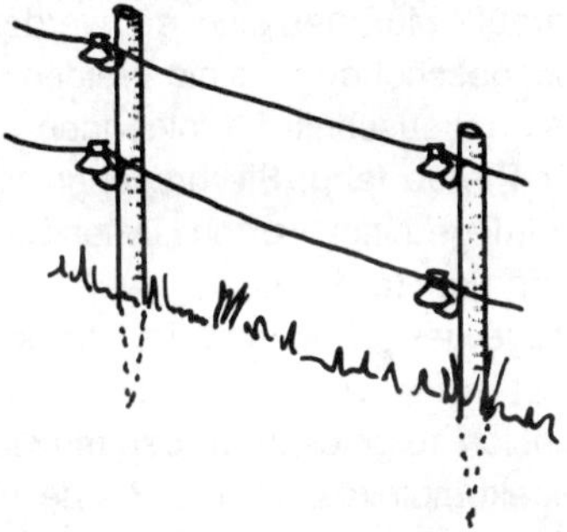

Bei Bedarf kann man auch die stacheldrahtgezäunten Bauernweiden mit dem Batteriegerät und ein paar hundert Meter Weidezaunlitze so absichern und unterteilen.

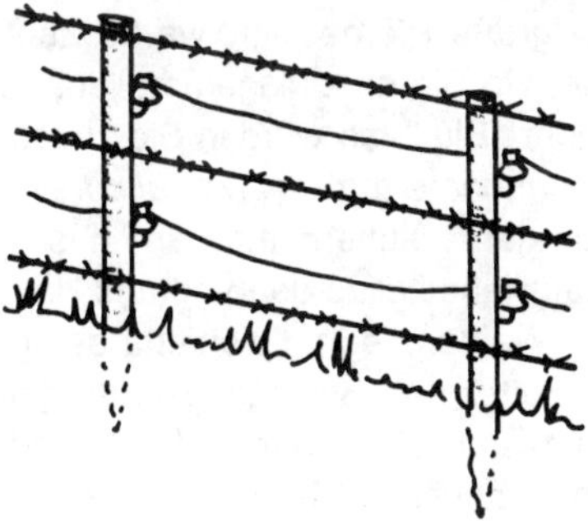

Wissen Sie nun schon ziemlich genau, wo Ihre künftigen Weiden liegen und wie sie eingezäunt werden sollen, prüfen Sie bitte den Zustand des Bodens: Steht bereits gutes Gras darauf? Muß neu eingesät werden? Das kann nur zum Herbst geschehen, und die Weiden sind dann bis nach dem ersten Heuschnitt im folgenden Jahr, also bis Ende Juni, für Pferde tabu; Sie brauchen bis dahin also Ersatzweide! Muß gedüngt werden? Bitten Sie Ihren bäuerlichen Nachbarn um Rat.

Ist diese Frage geklärt, kommt die nächste: Wohin mit dem Pferdemist – der, wir sagten es schon, mindestens einmal wöchentlich aufgelesen werden muß? Kann außerhalb des Weidekomplexes, für die Pferde unzugänglich, aber dennoch nicht zu weit von der weitesten Weide entfernt, ein *Komposthaufen* so angelegt werden, daß er Nachbarn nicht stört?

Im Winter müssen Sie Heu und Stroh zufüttern. Rechnen Sie für mittelgroße Pferde mit etwa 30 Zentner Heu und erwägen Sie, wo Sie es einlagern sollen. Kaufen Sie ein Pony mit mehr „Blut", so werden Sie zusätzlich während einiger Wintermonate *täglich zwei- bis dreimal* Hafer oder Hafermischungen zufüttern müssen; das bindet mindestens ein Familienmitglied dauernd ans Haus.

Außer der Weide, die ihm während des größten Teiles des Jahres Futter und Bewegungsraum gibt, braucht Ihr Pony einen festen *Schuppen,* oder – sind es mehrere Pferde – einen stabilen *Offenstall.* Ehe wir von Bauart und

Preisen sprechen, müßten Sie klären, ob dort, wo Sie Weideland besitzen oder pachten können, überhaupt der Bau von Hütten und Scheunen *gestattet* ist. Die Bauvorschriften sind von Land zu Land verschieden; erkundigen Sie sich – wenn Sie das Risiko, den teuren Stall wieder abbrechen zu müssen, vermeiden wollen – bei der zuständigen Baubehörde nach den Auflagen. Eine Möglichkeit, die zunehmend genutzt wird: Lassen Sie den Bauern, ehe er Ihnen eine Weide verpachtet, für sich einen Offenstall darauf setzen – er hat weniger Schwierigkeiten mit den Behörden.

Und haben Sie die erforderlichen Genehmigungen, so schließen Sie, falls Sie auf Pachtland bauen, einen langfristigen Vertrag mit dem Verpächter ab.

Den Schuppen oder Offenstall können Sie selbst errichten oder vom Dorfschreiner bauen lassen; vergessen Sie nicht, einen Raum zur Lagerung des Heus und des Sattelzeugs gleich mitzubauen.

Denken Sie auch bei der Planung der Unterkünfte samt Nebenräumen daran, daß erwiesenermaßen ein Pferd nicht lange allein bleibt – und ein Pony schon gar nicht. Wenn Sie zu Anfang alles etwas größer entwerfen, kostet es nur etwas Holz und Arbeit mehr – Anbauten sind da viel mühevoller zu errichten.

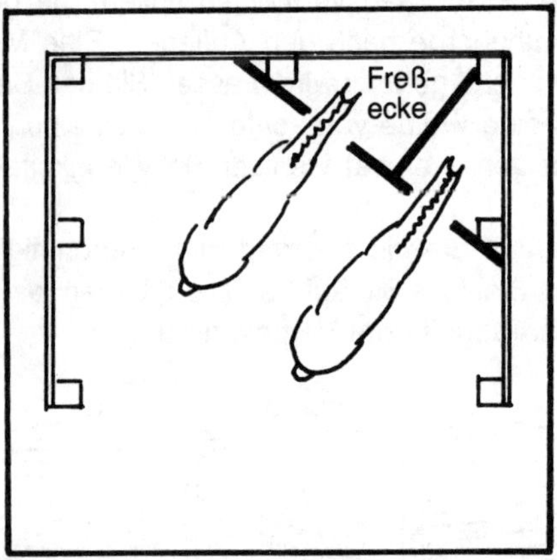

Liegt der Stall dicht beim Haus, so ist das maximal bequem, *falls* auch die Weiden daran anschließen. Müssen Sie jedesmal die Pferde auf die Weide und wieder in den Stall bringen, so kalkulieren Sie genügend Interessenten für diesen Job ein – solche, die auch im Winter, bei Kälte und Glätte, im Regen und in der Dunkelheit einen halben oder ganzen Kilometer zur Weide stapfen!

Befindet sich die ganze Anlage weiter weg, so achten Sie darauf, daß sie täglich – auch bei anhaltendem Regen oder Schnee – mit dem Auto erreichbar ist, also einen festen Zufahrtsweg hat. Gerade bei ungewöhnlicher Wetterlage muß man täglich nach den Ponys schauen können. Erwünscht, wenn auch nicht unbedingt nötig, sind Strom- und Wasseranschluß. Bei fehlendem Strom kann man sich mit Lampen helfen; täglich bis zu 30 Liter Wasser (für *1* Pony) heranschleppen zu müssen, ist schon unangenehmer.

Haben Sie bis hierhin gründlich überlegt, reiten Ihre Kinder gar schon seit Jahren und wissen Sie nun einigermaßen, was auf Sie zukommt, so wissen Sie auch, daß es nicht so schwierig ist, wie es bei der Lektüre manchmal klingt, *ein* Pony für ein Kind mit Weide und Hütte auszustatten. Aber fragen Sie sich ganz ernsthaft, ob es bei dem einen Tier bleiben soll oder bleiben wird. Wir kennen fast nur Beispiele wundersamer Ponyvermehrung – und die daraus resultierenden Nach-Bauten. Bei einigem Überlegen kommt es billiger, gleich für 4 Ponys zu bauen, wenn Sie das erste anschaffen.

Wenn möglich, schauen Sie sich bestehende Anlagen an und fordern Sie Prospekte für Offenställe (sie sind nicht selten billiger als selbstgebaute, falls Sie auf mitgelieferte Blumenbänke und aufwendige Fenster verzichten und statt dessen lieber die Tür aushängen). Bei kleinen Gebäuden kann der Zimmermann die zur Baugenehmigung erforderliche Statik errechnen; bei sehr umfänglichen Bauten muß ein Architekt herangezogen werden. (Je nach Landschaft benötigen Sie noch Genehmigungen weiterer Stellen, etwa der Wasserschutzbehörde usw.).

Dieser selbst zu montierende Fertigstall besteht aus einem frei zugänglichen geschützten Schlaf- und einem offenen Futterteil und reicht für 3 große oder 4 mittlere Pferde.

So sieht der Fertigbau-Offenstall von der Funktion her aus: Hinter Schlaf- und Futterteil erstreckt sich ein Heulagerraum, der etwa eine Monatsration für 3 Pferde aufnimmt; der Stall insgesamt ist in einen Auslauf gesetzt, dessen Boden ausgekoffert, mit Drainagerohren und Asche versehen und mit Sand zugeschüttet wurde und nun ein wetterbeständiger, trockener Tummelplatz für die Wintermonate ist.

Vieles an diesen Ställen können Sie in Eigenarbeit erstellen, falls Sie das wollen.

In Ihrem Plan sollte auch ein fest verschließbarer, mäusesicherer Raum vorgesehen sein, der Sattelzeug und Kraftfutter aufnimmt, alle Stallutensilien sicher verwahrt und

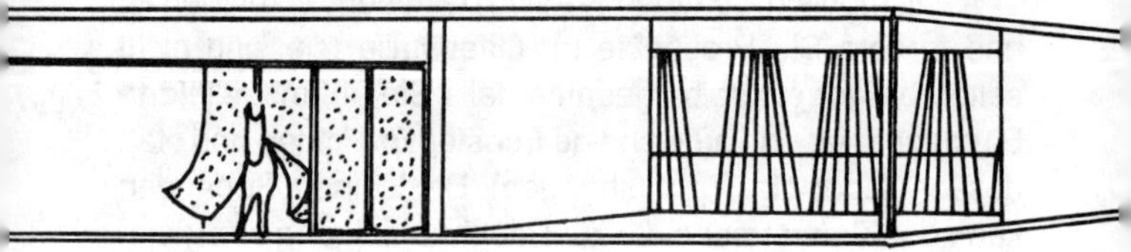

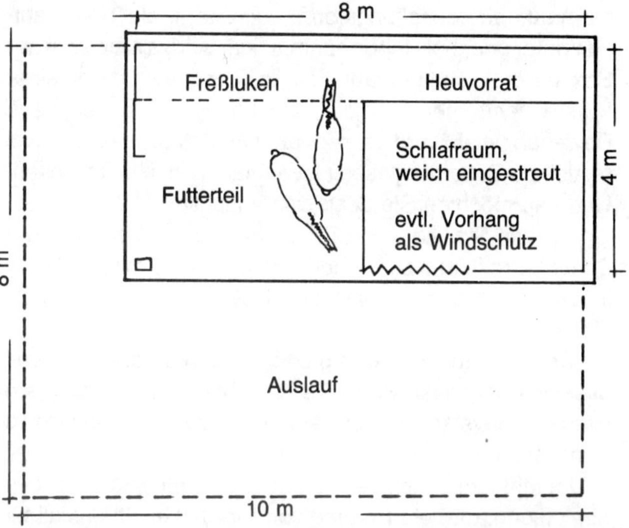

Platz bietet für Torf oder Sägespäne/Sägemehl als Einstreu. Ob Sie diese Gebäude mit einem Beton-Streifenfundament fest in der Erde verankern oder sie nur auf Beton-Einzelfundamente und einen entfernbaren Holzrahmen setzen dürfen, richtet sich nach den Bauvorschriften. Ganz verzichten sollten Sie auf Beton-Fußböden, die sich als äußerst ungünstig erwiesen haben.

Vom geschlossenen Stall sollten Sie für ein Kinderpony völlig absehen. Der Offenstall, in dem sich die Ponys frei bewegen und den sie nach Belieben aufsuchen können, ist die naturnähere Haltungsform, auch wenn die Tiere dann im Winter oder bei Regen schmutziger sind, als sie es in der Box wären. Schmutz läßt sich, falls er Sie stört, mit einer Bürste entfernen – die Spannungen, denen das Bewegungstier Pferd beim Zwangsaufenthalt in einer 3 × 3 m kleinen Boxe ausgesetzt ist, entladen sich beim Reiten. Und das möchten Sie doch sicher nicht?

Vor dem Stall können Sie, um bei jedem Wetter mit der Schubkarre fahren zu können, leicht etwa 1,5 m breit Steine in den Sand packen und eine feste, ebene Fläche herstellen.

Wir haben Ihnen hier in groben Zügen skizziert, an was alles zu denken ist, wenn Sie vorhaben, ein oder mehrere Pferde (Ponys) in eigener Versorgung zu halten und sie zu Familienmitgliedern zu machen.

Um Mißverständnissen vorzubeugen, möchten wir noch hinzufügen, daß die Haltung von Pferden im Offenstall für Ihre Kinder keineswegs den Bruch mit dem Vereinsleben bedeutet! Es kommt einzig und allein auf das Verständnis des Reitlehrers für die andere Situation Ihres Kindes und seines Pferdes an: Versteht er es, daß ein junger Mensch gern selbst für ein Pferd sorgen möchte, daß er sich auf einem Pony sicherer fühlt, daß sich ein mittelgroßes Pony in keiner Bewegung und Spontanregung vom Großpferd unterscheidet, daß sich weltweit der Wunsch der Rückkehr zum Natürlichen auch in der Pferdehaltung und beim Reiten durchsetzt, so wird Ihr Kind auch als Besitzer eines Ponys glücklich am Vereinsleben teilnehmen können. Ist das alles nicht der Fall, hat es sicher an einem einseitig orientierten Verein nicht viel verloren.

5. Was braucht ein Pferd zur Pflege?

Frei gehaltene Pferde sind gesünder und widerstandsfähiger als Stallpferde; dafür legen sie sich aber im Winter einen dickeren Pelz zu. Früher galt das weithin als unschön; für ein stramm im Dienst stehendes Sportpferd ist es, da ein verschwitztes dickes Fell schlechter trocknet als ein dünneres, unpraktisch; viele heutige Freizeitreiter aber lieben gerade das urwüchsige, mit den Jahreszeiten wechselnde Aussehen ihrer Pferde und Ponys.

Das lange, dichte Winterfell, das gesund sein und matt glänzen soll, schützt vor Kälte, anhaltendem Regen und scharfem Wind (es ersetzt aber, das sei nochmals gesagt, nicht einen zugfreien, der Wetterseite abgekehrten Unterstand!). Diese dickpelzigen Pferde sollten nicht täglich geputzt werden, damit dem Fell nicht die schützende Fettschicht entzogen wird. Schweif und Mähne aller (also auch hochblütiger) Pferde, die draußen überwintern, werden nicht beschnitten und nicht kurz verlesen; auch die Fesseln bleiben ungeschoren, ihr Langhaar leitet Regenwasser von der empfindlichen Fesselbeuge ab und schützt vor verharschtem Schnee. Nur beim Fjordpferd wird die Mähne noch modisch gestutzt; viele Besitzer dieser Pferde lassen sie aber zum Herbst hin lang wachsen und stutzen erst im Frühjahr wieder.

Geputzt werden die Ponys also hauptsächlich vor dem Gebrauch unter Sattel und Sattelgurt (damit keine Drücke entstehen). Besondere Haarpflege ist im Frühjahr und im Herbst beim Haarwechsel erforderlich, und vor öffentlichen Auftritten aller Art darf natürlich nach Herzenslust gewienert werden. Hier interessiert aber nur, welche Kosten Sie auf diesem Sektor erwarten. Nun, sie sind gering. Ein Putzsortiment umfaßt:

Gummihandschuh	2 Schwämme
Gummistriegel	Schweißmesser
Kardätsche	Hufräumer
Wurzelbürste	Mähnenkamm

Alles zusammen kommt auf 60,– bis 100,– DM. Die Anwendung der einzelnen Teile hat Ihr Kind entweder im Reitstall oder beim Adoptivpferd gelernt und hat auch darüber gelesen.

Damit es geputzt und gesattelt werden kann, muß das Pony angebunden werden; zu seiner Ausrüstung gehört also ein *Stallhalfter mit Anbinderiemen* (30,– bis 80,– DM, je nachdem, ob es aus Kunststoff, Chromleder oder Kernleder besteht). Auf dem Markt gibt es Halfter in allen diesen Materialien, farbig oder braun. Für Ihr Kind sollte das Halfter stabil sein und große, aber wenige Schnallen besitzen, die

Robustpferd im Winterfell

Stallpferd im Kurzhaar

sich leicht öffnen und schließen lassen (auch wenn das Pferd mit dem Kopf schlägt oder sich nicht gut aufhalftern läßt). Hüten Sie sich vor zu dünnem, zu fein gerolltem, üppig mit winzigen Schnällchen versehenem Lederzeug. Das mag zwar sehr viel feiner und teurer sein, ist aber auf jeden Fall unpraktisch für Kinder, die in Wind und Wetter mit nassen und klammen Fingern ihr Pferd versorgen. Außerdem ist jede Reparatur teurer, weil man sie nicht selbst ausführen kann und Fachleute hoch bezahlt werden.

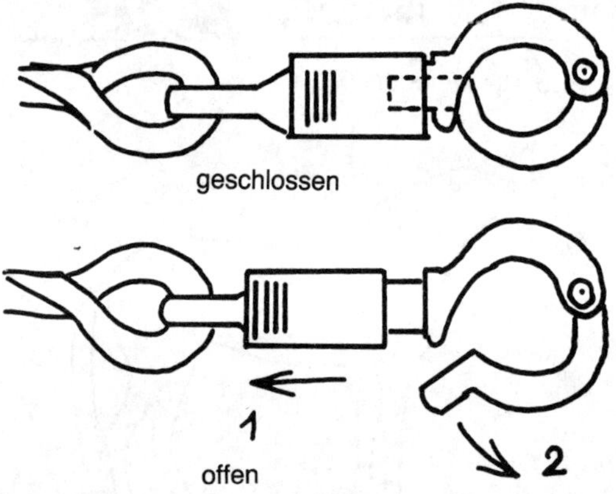

Zum Halfter gehört ein *Anbindeseil,* am sichersten mit einem *Panikhaken* am anderen Ende; sollte das angebundene Pferd einmal sehr erschrecken, kann auch ein Kind den Panikhaken mit einem Griff lösen.

6. Was braucht Ihr Kind zum Reiten?

Es braucht ein Zaumzeug und einen Sattel. Beim Kauf dieser Gegenstände werden die *schwerwiegendsten* Fehler gemacht:

Für kleine Ponys und kleine Kinder werden Ihnen kleine, leichte Zäume und ebenso leichte Sättel angeboten; die Vorstellung aber, daß dies zusammengehöre, ist grundfalsch! Ihr Kind braucht *Sicherheit!* Sicherheit aber garantieren nur solide, stabile, perfekt sitzende Ausrüstungsgegenstände, die unter keinen Umständen reißen oder sich beim nächsten Regen aus den Nähten lösen dürfen! Genau dies aber tun die meisten der „Spezial-Kinder-Sättelchen", die „Schafleder" schreien, wenn man sie nur ansieht.

Hat Ihr Kind Reitunterricht im Verein gehabt, so meinen Sie vielleicht, es sei am einfachsten, die dort gebräuchliche Ausrüstung zu kaufen. Dem steht aber entgegen, daß sich die *Reitsituation* in vieler Hinsicht ändert: Kind und Pferd sind sich nun häufig selbst überlassen, ohne Aufsicht und Hilfe des Reitlehrers, sie reiten im Freien statt in der Bahn. Der Anzug des Kinderpferdes sollte also so einfach wie möglich zu handhaben sein und stabil genug, um auch Regen und Winterwetter standzuhalten.

Das *Reithalfter* kann aus Leder oder – wie heute zunehmend gebräuchlich – aus Nylongurt sein; auf jeden Fall sollte es sich um eine robuste Qualität handeln, breit (nicht fein gerollt), mit großen Schnallen und Karabinerhaken, die sich auch mit feuchten, klammen Fingern (im Winter mit dicken Handschuhen) handhaben lassen. Alles Sattelzeug muß genau passen: Dazu muß es von Zeit zu Zeit verschnallt werden (Leder z. B. dehnt sich manchmal im Gebrauch); kleine „elegante" Schnallen erschweren dies. Das Kopfstück sollte aus möglichst wenigen Teilen bestehen: zwei Backenstücken, Stirn- und Kehlriemen. Neuerdings sieht man auch Kopfstücke, die nur aus einem einzigen Riemen bestehen, an dem eine verschiebbare Schlinge um das rechte oder linke Ohr gelegt wird; für Kinder sollte es auf jeden Fall einen zusätzlichen Kehlriemen aufweisen, damit es bei einem eventuellen Sturz nicht vom Pferdekopf gestreift werden kann.

Vom reitbahn-üblichen deutschen Reithalfter raten wir ab. Es muß sehr sorgfältig verschnallt werden, soll es dem Pferd nicht das Atmen erschweren; es ist überdies in den meisten Fällen überflüssig und sollte, falls überhaupt erforderlich, durch ein *englisches Reithalfter* ersetzt werden, das dem Pferd ohne üble Nebenwirkungen weiter oben um den festen Nasenteil liegt. (Auch bei offiziellen Turnieren ist die englische Schnallung seit 1. 1. 76 gestattet.)

Die Auswahl an *Mundstücken* ist begrenzt. Pferde finden draußen häufiger Anlaß zum Erschrecken: Der junge Reiter greift dabei haltsuchend mal zu hart in den Zügel – damit

Deutsches Reithalfter

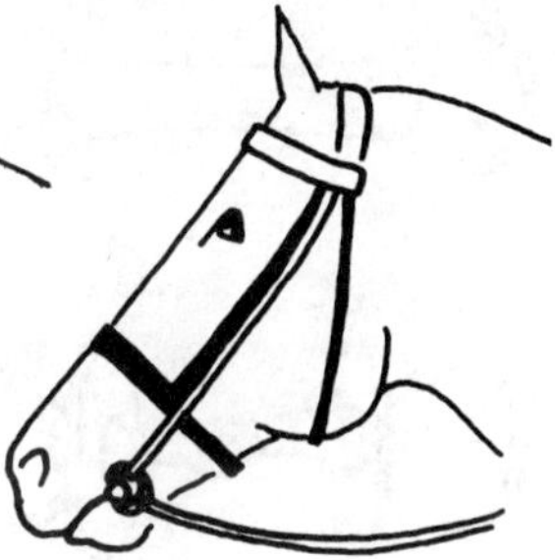

Englisches Reithalfter

dabei dem empfindlichen Pferdemaul so wenig wie möglich geschieht, wählen Sie ein weiches Mundstück, am besten eine *Stange aus Hart- oder Weichgummi.* Auf dem Kontinent ist am weitesten die *Wassertrense* verbreitet, ein in der Mitte gebrochenes Mundstück aus Metall. Beider Anwendung richtet sich individuell nach Pferd und Reiter. Eine Faustregel könnte lauten:

Gummistange	für das junge, ungeschulte, empfindliche und heftige Pferd, den unerfahrenen, ungeschickten Reiter;
Wassertrense	für das bereits geförderte oder auch das trägere Pferd, den geschulten Reiter mit weicher Hand.

Eigentlich sollte man hier nicht sparen und gleich beide Gebisse kaufen, die dann nach Bedarf in das Kopfstück

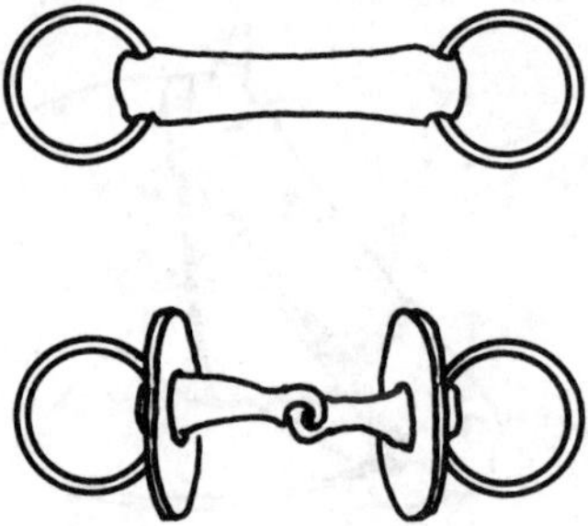

Gebisse: Oben Gummistange, unten Wassertrense.

eingeschnallt werden. Ein ebenso preiswertes wie praktisches Zubehör sollte bei diesen Mundstücken nicht fehlen: *die Gummischeiben* – glatte runde Scheiben, ½ cm dick, 8 cm Durchmesser. Sie schonen die Mundwinkel und verhindern, daß bei jähen oder ungeschickten Bewegungen der Kinderhände das Gebiß durchs Maul gezogen wird und das Pferd sich der Einwirkung der Zügel entzieht. Auch sie also dienen der Sicherheit Ihres Kindes!

Kaufen Sie unter gar keinen Umständen jene stiftdünnen „Ponymundstücke“ aus Eisen oder Aluminium, die im gleichen Angebot zu finden sind wie die erwähnten „Kindersätelchen“! Jeder Zug am Zügel überträgt sich hart und scharf auf die empfindlichen Lefzen und die Zunge des Tieres. Das wiederum ruft Reaktionen hervor, die gefährlich werden können. Und auf die Dauer stumpft dann das Pferdemaul gegen den Zug ab, wird hart und schwielig, nimmt gleichgültig die Schmerzen hin – und entzieht sich auch damit der Einwirkung des Reiters.

Schlechte Reiter verderben auch die besten Pferde. Bei Kindern und Anfängern muß man mit Ungeschicklichkeit rechnen – das ist nicht aus der Welt zu schaffen. Wohl aber können wir dafür sorgen, daß dem Kind das richtige *Gerät* in die Hand gegeben wird, mit dem es möglichst wenig Unheil anrichten kann. Hierhin gehört auch, keine Gebisse aus rostfrei gemachtem oder vernickeltem Eisen zu kaufen. Fühlen Sie mit den Fingern die Ränder entlang: Dort, wo der Trensenring durchführt, spüren Sie meist schon bei neuen Teilen rauhe Kanten. Was Sie an den Fingern spüren, spürt das Pferd an den Lefzen!

Für alle Reiter, die viel draußen reiten, empfehlen sich *Gurtzügel* mit kleinen Lederknebeln; sie rutschen nicht, wenn sie naß werden, und die Knebel geben den Fingern besseren Halt. Achten Sie auch darauf, daß die Zügel nicht zu lang sind (sie sind es meist!). Das Pferd sollte am hingegebenen Zügel an ausgestreckter Hand gerade noch mit dem Maul bis auf den Boden reichen. Sind die Zügel länger, rutschen sie dem jungen Reiter (wie auch dem älteren) in Schreckmomenten zu weit aus der Hand; er verliert das Gleichgewicht und die Einwirkung auf das Pferd.

Zügel sollten praktischerweise nicht mit Schnallen in den Trensenringen befestigt werden: Schnallen lassen sich, wenn sie verschmutzt sind, nur schwer öffnen. Stabile Karabinerhaken sind da viel praktischer.

Und nochmals: Das Material muß griffig, fest, leicht zu reinigen sein; billiges, leicht reißendes Schafleder gefährdet die Sicherheit Ihres Kindes.

Zu diesen Zäumungsarten kommen in den letzten Jahren andere, die sich anderswo bewährten. Die 55 000 jugendlichen Mitglieder der britischen Ponyclubs benutzen überwiegend das *Pelham* mit durchgehender (nicht gebrochener!) Stange, zwei Zügeln und Kinnriemen. Die Hebel zwischen den beiden Zügelringen sollen kurz sein, statt der Kette benutzt man einen weichen Kinnriemen aus Leder.

Pelham am Pferdekopf

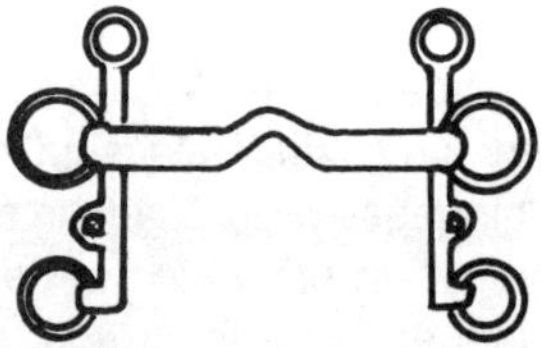

Pelham-Gebiß

Die beiden Zügel werden locker gehalten und nie scharf angezogen; die meisten Pferde reagieren dadurch, daß der untere Zügel den Hebel nach hinten zieht und so den

Kinnriemen in die Kinngrube, die Stange auf die Zunge drückt, mit weniger Widerstand und leichterer Lenkbarkeit. Bei heftigen Pferden ist diese Einwirkung wirksamer und weniger schmerzhaft als das andauernde Ziehen am Trensenzügel. Natürlich gehört zum Gebrauch eines jeden Gebisses die vorherige Anleitung.

Zäumungsarten wie Western-Stange mit langen Hebeln sowie kalifornischem Bosal oder mechanischer Hackamore werden auch bei uns langsam bekannter. Sie sind pferdeschonend und angenehm für den Reiter, doch gehört zu ihrem Gebrauch unbedingt eine längere spezielle Ausbildung.

In Englang kann die Handhabung des Pelhams leicht anläßlich von Reiterferien (vielleicht in Kombination mit Sprachkursen?) erlernt werden. Im Kapitel „Ferien mit Pferden" sprachen wir schon von dieser Möglichkeit.

Ohne einen guten *Sattel* ist gutes Reiten unmöglich, aber einen wirklich guten Sattel zu finden, ist schwierig und erfordert einiges Nachdenken. Das Problem liegt zunächst darin, daß der Sattel *oben dem Reiter, unten dem Pferd passen* muß; überdies muß er an der richtigen Stelle des Pferderückens liegen und dort unverrückbar liegen bleiben. Es ergeben sich etwa folgende Kombinationen:

Ihr Kind ist 6 Jahre alt und reitet ein kleines Pony;
Ihr Kind ist 6 Jahre alt und reitet ein großes Pony;
Ihr Kind ist 16 Jahre alt und reitet ein mittleres Pony;
Ihr Kind ist 16 Jahre alt und reitet ein großes Pferd.

In jedem Falle braucht es einen anderen Sattel. Sättel aber sind teuer. Sind sie das nicht, so sind sie fast immer schlecht. Nirgendwo ist der „billige“ Kauf so verhängnisvoll wie hier. Der Laie sieht es dem Sattel nicht an, wie er innen verarbeitet ist: ob er sich nach zwei Monaten verändert und den Pferderücken drückt; was nach einem nassen Winter aus den Nähten geworden ist. Im Grunde kann man sich – ohne langjährige eigene Erfahrung – nur auf die gute Lieferfirma verlassen und muß wissen, daß ein guter Sattel unter 500,– DM nicht zu bekommen ist und auch über 1000,– DM kosten kann. Hinzu kommen nochmals mindestens 200,– DM für das Zubehör (Bügel usw.).

Wie kann man sich bei einem oder mehreren reitbesessenen Kindern helfen?

Ist das reitende Kind noch sehr jung und klein, lohnt sich die Anschaffung eines richtigen Sattels nicht: Zu schnell wächst das kleine Hinterteil aus dem Sattel raus. Daß ein billiges „Kindersättelchen“ viel zu gefährlich ist, sagten wir schon. Die einfachste Möglichkeit, ein Kind auf einem Pony sicher beritten zu machen, ist ein – selbstzugeschnittenes – *Sattelkissen aus Filz.*

Ein rechteckiges Stück dicker, fester Filz (2,5 cm und mehr) von etwa 95 × 65 cm wird in den angegebenen Maßen zurechtgeschnitten. Zur Verstärkung und zum Halten des Schweifriemenringes nähen Sie von vorn oben bis unten vorn einen mehrfach gefalteten Streifen aus festem Leinen auf; dabei fädeln Sie hinten gleich einen kräftigen

So fällt dem Kind Satteln und Zäumen leicht, und Kind und Pony fühlen sich wohl: Das Sattel-Kissen ist groß und solide, Zaumzeug und Zügel sind einfach und stabil

---

Metallring ein. Aus dem gleichen Leinen nähen sie ziemlich weit vorn einen etwa 8–10 cm breiten Bauchgurt auf, der rund um den Ponybauch paßt; das rechte Ende ist länger,

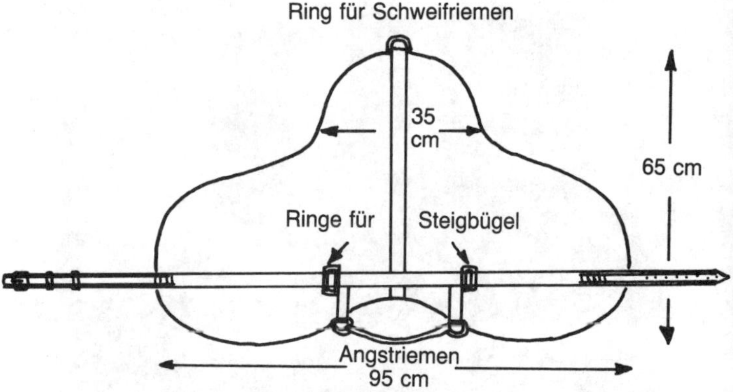

das linke ganz kurz. Am kurzen linken Ende wird die Schnalle befestigt; an das lange rechte Ende, das unter dem Bauch durchgeführt wird, wird ein gelochter Lederstreifen angesetzt (das Annähen von Schnalle und Lochstreifen besorgt am besten Ihr Schuster; hier darf nämlich nichts reißen!). Über dem Bauchgurt wird ein weiteres Gurtstück aufgesteppt, das in entsprechender Höhe zwei Schnallen für die Bügelriemen (sehr fest eingenäht) hält.

Das weitere Zubehör (das Sie später bei anderen Sattel-Kombinationen weiter verwenden können) kaufen Sie im Fachhandel; 1 Schweifriemen, der das Kissen unverrückbar an der richtigen Stelle hält; 2 feste, schwere Steigbügel mit Gummieinlage und 2 stabile Steigbügelriemen. Auf einem solchen Sattelkissen sitzt das kleine Kind dicht am

Pferd und sehr sicher, zumal dann, wenn es lernt, die Füße fest in die Bügel zu stellen. Für ein Kind bis etwa 40 kg Gewicht reicht dieser Sattelersatz völlig aus.

Ist Ihr Kind größer und älter, so genügt viele Jahre lang ein *Sattelkissen aus Leder.* Doch Vorsicht: Auch hier quillt der Markt über von Schund! Die Maße dürfen nicht kleiner sein als die in der Skizze angegebenen. Ein Sattelkissen, das groß genug ist und solide verarbeitet, kann später auch zum Zureiten junger Pferde, als gelegentlicher Gästesattel und selbst als normaler Reitsattel für leichtgewichtige Erwachsene weiterverwendet werden.

Seit einigen Jahren gibt es auch einen preiswerten *Reformsattel* aus superleichtem Kunststoff auf dem Markt, der komplett etwa 500,– DM kostet und gelobt wird. Ist er auch kein vollwertiger Ersatz für einen sehr guten Sattel, so hat er doch jedenfalls nicht die Fehler des schlechten, wie Verformen, Aufreißen, Brechen, Lösen der Nähte und so weiter.

Entschließen Sie sich dann für das heranwachsende Kind auf großem Pony/mittlerem Pferd zum Kauf eines *Sattels,* so suchen Sie zunächst bei einem Händler oder in einem Katalog ein Modell aus, das für Ihre speziellen Bedürfnisse (maximale Sicherheit, leichte Pflege, problemlose Dauernutzung bei jedem Wetter, Verwendbarkeit auf möglichst vielen Pferderücken, praktisch für Wochenend- und Wanderritte) paßt. Sättel, die eigens für Dressur, Springen oder Rennen gemacht sind, eignen sich für ein

Kind, das nicht speziell auf Turnieren reitet, nicht.

Soll der Sattel eine Anschaffung fürs Leben sein, muß er so groß sein, daß auch ein mittelschwerer Erwachsener ihn benutzen kann; er sollte auf alle Fälle lange, überstehende *Trachten* haben, die das Reitergewicht sowohl bei kleinen und mittleren wie auch bei großen Pferden besser über den ganzen Rücken verteilen; er muß unbedingt eine stabile Halterung für den *Schweifriemen* besitzen. Selbst dann, wenn das gegenwärtige Pferd eine so gute Sattellage hat, daß der Sattel nicht nach vorn rutscht. Abgesehen davon, daß die wenigsten robustgehaltenen Weidepferde so ideal „auf Taille" gefüttert werden können, garantiert Ihnen niemand bei einem Pferdwechsel die gleichen Eigenschaften; nachträglich angebrachte Halterungen reißen sehr leicht aus. Ein guter Sattel sollte außerdem möglichst flach und dünn anliegen; die modernen Materialien erlauben das; viel dicke Polsterung deutet auf minderwertiges Material und grobe Verarbeitung hin.

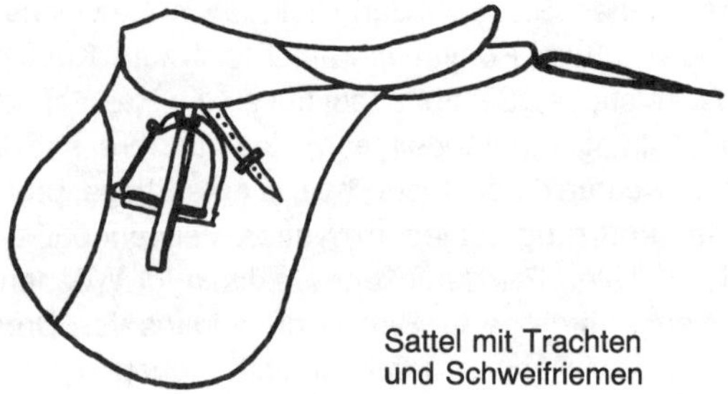

Sattel mit Trachten
und Schweifriemen

Und kaufen Sie nie einen Sattel, ohne ihn vorher auf dem Pferd und von Ihrem Kind ausprobieren zu lassen! Jede solide Firma gibt Ihnen die Möglichkeit dazu. Sie legen ein sauberes Bettuch auf den Pferderücken, und der Sattel trägt keine bösen Gebrauchsspuren davon.

Kaufen Sie nie übereilt! Hören Sie sich um, studieren Sie die Anzeigen in der Fachliteratur, fragen Sie andere Eltern, leihen Sie sich für eine Weile andere Sättel aus, behelfen Sie sich mit Sattelkissen – kaufen Sie erst, wenn Sie sich Ihrer Sache absolut sicher sind. (Einen Sattel, der Ihnen nach einer Weile nicht mehr gefällt, will meist auch kein anderer haben.)

Dem Zubehör sollten Sie allergrößte Beachtung schenken: dem Gurt, den Bügelriemen und den Bügeln.

Sind Sie selbst nicht Reiter, können Sie sich wahrscheinlich nicht vorstellen, welche ungeheuren Kräfte ein Pferd in der Sekunde des Schreckens entwickeln kann! Hat man einmal gesehen (oder, wie eine der Autorinnen, erlebt), wie ein nagelneuer Gurt beim Buckeln eines jungen Hengstes reißt, als sei es Bindfaden, wird man nie wieder dünne, leichte, schmale Gurte aus billigem Material – und gar noch mit nur einer Schnalle – kaufen: schon gar nicht für ein Kind. Auch kleine Pferde entwickeln ungeahnte Kräfte, und Kinder sind noch hilfloser als Erwachsene. Kaufen sie nur einen *breiten Schnurengurt mit zwei Schnallen.*

Die Bügelriemen können gar nicht stabil genug sein: Sie halten unter Umständen das ganze Gewicht des Reiters.

Kaufen Sie *Bügelriemen* nur aus Chrom- oder Kernleder, dick und breit. Dazu *schwere Bügel* aus Argentan – die teuersten und besten, die Sie bekommen können. Hier geht es nicht ums Geld, sondern wieder um die Sicherheit Ihres Kindes. Gehen Sie noch einen Schritt weiter: Kaufen Sie *Sicherheitssteigbügel mit Gummiring und Lederschlaufe;*

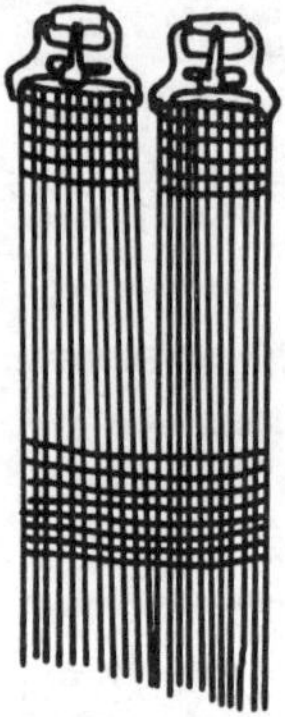

Schnurengurt
mit zwei Schnallen

Sicherheitssteigbügel

sie sind so gearbeitet, daß bei einem Sturz der Bügel sich seitlich öffnet; der Fuß kann nicht hängenbleiben (das Hängenbleiben ist allzuoft Ursache schwerer, gar tödlicher Verletzungen!). Ein zu leichter Bügel bedeutet eine andere Gefahr: Verliert ihn das Kind vom Fuß, schwingt er zu weit hin und her – der Fuß findet ihn nicht wieder; ein schwerer Bügel bleibt gerade hängen. Ist der Bügel zu eng und zu klein – wie er tausendfach als „Kindersteigbügel" angeboten wird –, klemmt sich unter Umständen der Fuß darin fest und bleibt beim Sturz erst recht hängen.

Reiten ist, das sei wiederholt gesagt, kein besonders gefährlicher Sport – aber er kann durch Unwissenheit sehr gefährlich werden. Er enthält Risiken, die Sie nicht beeinflussen können; kümmern Sie sich um so intensiver darum, vermeidbare Risiken auch tatsächlich zu vermeiden (und verlassen Sie sich als Laie nicht blindlings auf die Empfehlung jedes Händlers: viele haben nie auf einem Pferd gesessen).

Das Halfter muß sein:

stabil, glatt ansitzend, aus breitem Leder mit wenigen, großen Schnallen, ausgerüstet mit Wasser- oder Gummitrense (eventuell Pelham) und breiten, nicht zu langen Gurt-Knebelzügeln. (Falls unbedingt erforderlich: mit englischem Reithalfter.)

Der Sattel muß sein:

groß, flach anliegend, perfekt sitzend, stabil, ohne Firlefanz, ausgerüstet mit eingearbeitetem Schweifriemenhalter, langen Trachten, breitem Schnurengurt, sehr soliden Steigbügelriemen, schweren Sicherheitssteigbügeln.

Damit haben Sie bei der Ausrüstung das Ihre getan und können Kind und Pferd wesentlich beruhigter ausreiten lassen.

7. Wie wird die Pferdeausrüstung gepflegt?

Ein wesentlicher Zweck dieses Buches ist es, Sie als Eltern auf die Kosten und die Mühen, die die Haltung eines Pferdes (oder mehrerer Pferde) für Ihr Kind (Ihre Kinder) mit sich bringt, im voraus aufmerksam zu machen, damit Sie Ihre Entschlüsse in Kenntnis dieser Voraussetzungen fassen.

Zu den regelmäßig wiederkehrenden Arbeiten gehört die Pflege der teuren Ausrüstung. Dazu gehört zuerst, daß bei der Planung von Stall und Sattelraum genügend Platz für Putzzeug, Stallapotheke, Gerte, Kopfstück und Sattel vorgesehen oder irgendwo im Haus eine Ecke dafür eingerichtet wird. Je übersichtlicher das Putzzeug aufbewahrt wird, um so weniger geht davon verloren. Das Kopfstück gehört – wie alles Lederne – nicht auf einen dicken Nagel oder ähnliches; im Laufe der Zeit würde es an der Aufhängestelle brüchig werden; eine Konservendose, ein runder Holzklotz oder ähnliches sind geeigneter. Der Sattel gehört auf einen Sattelbock, damit er die Form nicht verliert und auch nach Gebrauch von unten trocknen kann.

Nasses Lederzeug wird niemals an der prallen Sonne oder beim Ofen getrocknet, sondern dort, wo Luft und leichte Wärme die Feuchtigkeit austrocknen.

Lederzeug muß besonders regelmäßig gepflegt werden. Das ist eine der Arbeiten, die Ihr Kind – zunächst unter Anleitung – selbst erledigen sollte. Das ist ja das Wichtige, daß es die notwendigen Aufgaben übernimmt und gewissenhaft ausführt. Es gibt heute Spezialreinigungsmittel (Ledermilch unter verschiedenen Markennamen), mit denen das Leder nach Gebrauch einfach eingerieben und nachpoliert wird.

So gepflegt, sieht das Lederzeug nicht nur nach Jahren noch gut aus, sondern es bleibt auch länger geschmeidig – und damit sicherer. Bei regelmäßiger Pflege fällt auch jede brüchige Stelle rechtzeitig auf; sie muß sofort repariert werden.

Sattelgurt und Satteldecke – diese am besten aus hautfreundlicher Synthetik – müssen von verkrustetem Schmutz durch Bürsten befreit und dann in der Maschine gewaschen werden; hartgewordene Schweiß- und Schmutzstellen rufen auf dem empfindlichen Pferderücken die gefürchteten schmerzhaften Druckstellen hervor. Das Reinigen geschieht am besten in der Waschmaschine in handwarmem Wasser mit reichlich Waschpulver und ohne Schleudervorgang. Damit die Schnallen die Trommel nicht verkratzen und die Haare das Sieb nicht verstopfen, steckt man das Waschgut in einen starken Leinensack, der mit groben Stichen zugenäht oder verknotet wird. Die Sachen werden dann an der Luft getrocknet.

8. Welche Krankheiten befallen Pferde häufig?

Ehe Sie sich zum Kauf eines Pferdes entschließen, bedenken Sie bitte, daß es als Lebewesen auch den Krankheiten dieses Lebens ausgesetzt ist. Von Ihnen muß es dann wieder gesundgepflegt werden. Bringen Sie – die Eltern – dazu genügend Lust und Liebe auf? Damit Sie diese Frage beantworten können, geben wir Ihnen einen kleinen Überblick über dieses Thema (Literatur siehe Anhang).

Durch *falsche Fütterung* entstehen Kolik, Hufrehe, Eiweißvergiftungen, Dampf. Solange das Pferd Weidegang hat und die Weide nicht zu fett und eiweißreich ist (das ist sie besonders im Frühjahr), kann bei der Fütterung nicht viel falsch gemacht werden. Alle Kraftfuttergaben aber müssen genau dosiert und 2–3mal täglich in kleinen Portionen verfüttert werden; das Heu muß frisch riechen, appetitlich aussehen und darf keine Spuren von Schimmel aufweisen; Rüben und Wurzeln sollen nur in geringen Mengen und von Schmutz gesäubert gereicht werden. Je jünger das Kind ist, das ein Pferd versorgt, um so genauer müssen die Eltern das Füttern überwachen.

Durch *Vernachlässigung* entstehen Verwurmung, Mauke, Strahlfäule, Vermilbung, Sattel- oder Geschirrdruck, Lahmheit. Gegen das Überhandnehmen von Würmern muß 3–4mal im Jahr ein Wurmmittel gegeben werden; vor Mauke und Strahlfäule schützt ein sauberer, trockener, gut mit Stroh oder Sägespänen bedeckter und regelmäßig *täglich* vom Kot gereinigter Stallboden und ein trockener Auslauf; Drücke können nicht entstehen, wenn das Reit- und Fahrgeschirr regelmäßig gepflegt, weich gehalten, auf Bruchstellen untersucht und richtig aufgelegt wird. Beim ersten Anzeichen von Lahmheit – die verschiedene Ursachen haben kann – muß der Huf nachgesehen werden (es kann sich ein Steinchen darin festgesetzt haben), das Bein auf Schwellungen und heiße Stellen abgetastet und das Pferd ruhiggestellt werden.

Durch *Infektionen* entstehen schwere Erkrankungen wie Grippe, Husten, Druse, infektiöse Anämie. Einen gewissen Schutz bieten regelmäßige Impfungen durch den Tierarzt, der auch Tetanus- und Tollwut-Spritzen verabreicht.

Aus dieser knappen Aufzählung ersehen Sie schon, daß auf Sie als Eltern mit dem Kauf eines Pferdes für Ihr Kind Verpflichtungen zukommen, die Mühe machen, Zeit und Geld kosten. Bei richtiger, regelmäßiger Pflege des Tieres, seiner Behausung und seiner Ausrüstung, bei richtigem, überlegtem Reiten, überlegter Vorsorge durch Impfungen, regelmäßiger Entwurmung und Verabreichung guten Futters können die meisten der erwähnten Krankheiten verhindert werden – aber es bedarf der Aufsicht der Eltern, ein Pferd so zu halten und zu nutzen.

Natürlich müssen sie auch mit Wunden und Verletzungen

rechnen, die tausend kleine oder große Ursachen haben können.

Schäden an den *Hufen* können entstehen z. B. durch falsche Fütterung, Verletzungen, schlechtes Hufhorn, mangelnde oder unsachgemäße Pflege. Nur auf gesunden Hufen kann ein Pferd auch gut laufen! Die Hufe müssen täglich nachgesehen und gereinigt werden; das kann Ihr Kind selbst machen. Ebenfalls notwendig ist das Ausschneiden des (ständig nachwachsenden) Hufhorns etwa alle sechs bis acht Wochen – egal, ob Ihr Pferd Eisen trägt oder „barfuß" geht. Lassen Sie diese Arbeit und das Beschlagen nur von einem staatlich anerkannten Hufbe-

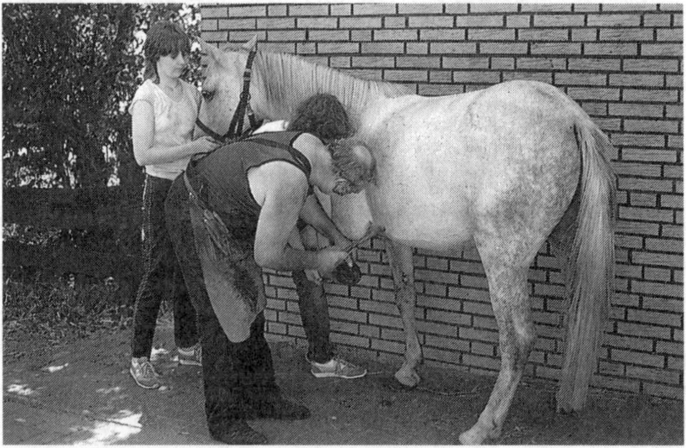

Nur ein staatlich geprüfter und zugelassener Hufschmied darf Beschlagarbeiten an Ihrem Pferd ausführen

schlagschmied ausführen. Nur er hat das richtige Handwerkszeug, eine ausreichende Hufeisenauswahl und vor allem das erforderliche umfangreiche Wissen und Können in Sachen Pferdehuf. Er sagt Ihnen auch, ob ein Beschlag überhaupt nötig ist. Manche Freizeitpferde gehen jahrelang ohne Eisen, weil sie gute harte Hufe haben oder weil die Reitwege weich und sandig sind. In der Regel wird aber ein Beschlag notwendig, um ungleichmäßiges Abnutzen der Hufränder und ihr Ausbrechen zu vermeiden. Ein beschlagenes Pferd kann auf allen Böden geritten werden. Stollen erhöhen die Rutschfestigkeit; empfehlenswert sind Schraubstollen, die Sie selber zum Weidegang oder zum Transport entfernen und zum Reiten wieder anbringen können. Die Hufeisen können nach einem Neubeschlag meistens ein- bis zweimal wiederverwendet werden, wenn ausgeschnitten werden mußte. Bei Stellungsfehlern der Beine und/oder Hufe sowie bei bestimmten Krankheiten kann ein Sonderbeschlag korrigierend bzw. schmerzlindernd und heilungsfördernd wirken.

9. Was kann dem Reiter und Pfleger zustoßen?

Pferdesport und -haltung sind laut Statistik nicht besonders gefährlich. Selbst im großen Turniersport gibt es verhältnismäßig wenig Unfälle. Verletzungen beim Umgang mit Pferden entstehen meist durch Unvorsichtigkeit und Nachlässigkeit. Beim Füttern, Putzen, Misten und Satteln holt sich Ihr Kind schnell mal blaue Flecken, einen Bluterguß, eine Prellung. Die Hufe des frommsten Pferdes sind hart, und wenn sie unbeabsichtigt auf ungeschütztem Menschenfuß landen, tut das weh! Lassen Sie Ihr Kind nicht mit Sandalen oder bloßen Füßen im Stall und auf der Weide arbeiten. Hautabschürfungen, Risse, Tritt- und Bißwunden kommen auch vor: Es ist dringend zu vorbeugender Tetanus-Impfung des Kindes zu raten! In stark tollwutgefährdeten Gebieten muß nach einem Pferdebiß sofort der Arzt aufgesucht werden; vor allem Weidepferde können – von einem kranken Wild gebissen – zu Übermittlern dieser schrecklichen Krankheit werden (deshalb auch die Pferde schutzimpfen lassen).

Gefährlicher ist schon das Fallen *mit* einem ausrutschenden Pferd oder ein Sturz *vom* Pferd; beides erfolgt meist mit beträchtlicher Wucht und in höherer Geschwindigkeit. Es ist deshalb wichtig, daß Ihr Kind stets eine feste Reitkappe trägt und nicht allein ins Gelände reitet. Bei Gehirnerschütterung, Schock oder Bruch kann sich der Betroffene ja nicht allein helfen, und selbst wenn das Pferd heimläuft und unbeschadet ankommt, kann es nicht – wie vielleicht ein guter Hund – Helfer zur Unfallstelle führen: das liegt einfach nicht in seiner Natur.

Die folgenschwersten Unfälle sind jene, bei denen der Reiter mit einem Fuß im Bügel hängenbleibt und vom erschrockenen Pferd mitgeschleift wird. Lassen Sie Ihr Kind nie ohne Sicherheitssteigbügel reiten.

Wie gut, wenn die jungen Reiter im Verein beim „Erste-Hilfe-Kurs" lernten, wie man sich gegenseitig bei Unfällen hilft. Das Rote Kreuz gibt kostenlos eine „Erste-Hilfe-Fibel" heraus, die Sie sich spätestens mit dem Pferdekauf bestellen sollten.

10. Mit welchen Kosten muß der Pferdehalter rechnen?

Wer sich nüchtern ausrechnet, was alles mit der Anschaffung eines Kinderpferdes an Kosten entsteht, erspart sich viele böse Überraschungen. Natürlich kann man sich zunächst nur einen groben Überblick verschaffen – zu unterschiedlich sind die Voraussetzungen etwa in der Stadt, im Dorf, auf dem Lande, zu unterschiedlich sind die Ansprüche einzelner Pferderassen oder auch der Reiter. Aber gemäß den Zirka-Kosten in DM, die wir hier zusammenstellen, können Sie sich nach einigem Umhören eine ungefähre eigene Liste erarbeiten.

a) Anschaffungen für den Dauergebrauch

Stallhalfter	ab 30,–	....
Anbindekette	ab 10,–	....

Putzsortiment	ab 60,–	....
Lochzange	ab 6,–	....
Trensenzaum mit Reithalfter	ab 80,–	....
Trensengebiß	ab 30,–	....
Sattelkissen	ab 250,–	....
Zubehör (Bügelriemen, Sicherheitsbügel, Schweifriemen, Schnurengurt)	ab 200,–	....
Sattel	500,–/1000,–	....
Zubehör (wie oben)	ab 200,–	....
Satteldecke	ab 50,–	....

b) Laufende *jährliche* Kosten für Unterhalt und Pflege

4 Wurmkuren pro Pferd	80,–/100,–	....
Impfungen:		
Tetanus	20,–	....
Tollwut	30,–	....
Grippe	30,–	....
Tierarzt-km-Kosten		....
Schmied:		
4–6mal Ausschneiden der Hufe	jeweils ab 20,–	....
oder 4–6mal Beschlag, davon mit neuen Eisen 2–3mal	70,–/160,–	....

Schmied-km-Kosten		....
Versicherungen:		
Sie richten sich nach Art des Abschlusses; die Haftpflichtversicherung kostet bei Ponys	ab ca. 80,–	....
bei Großpferden	ab ca. 150,–	....
Futter und Unterstellung:		
Vollpension für Ponys	ab 2000,–	....
Vollpension für Großpferde	ca. 4800,–	....
(im städtischen Reitstall auch noch viel mehr)		
Eigenhaltung:		
Weidepacht 2–3 Morgen		....
Düngemittel		....
Heu, gepreßt oder lose, je Pferd 30–40 Ztr./Winter, Zentner ab 10,–	300,–/400,–	....
Leckstein, 2–3 pro Jahr, pro Stück ab 8,–	ca. 25,–	....
Kraftfutter, 100 kg, Regelpreis	ab 35,–	....
Einstreu		....

c) Installierungs-Kosten für Eigenhaltung

Errichtung eines Offenstalles für ein Pferd oder mehrere Pferde	ab 800,–	....
Ausbau von Sattelkammer, Futterraum, Auslauf, je nach Art und Größe		....

Geräte zum Sauberhalten des Stalles und der Weide		
Mistkarre	ab 75,–	....
Harke	9,–	....
Schaufel	15,–	....
Straßenbesen	10,–	....

Diese Liste enthält natürlich nicht sämtliche möglichen Posten; andererseits sind auch Positionen aufgeführt, die nicht gleich anfallen. Bei der Errichtung von Ställen gibt es so viele unwägbare Dinge, daß nur Sie selbst errechnen können, was ein solider, einfacher Offenstall der geschilderten Art Sie kostet (ob Sie selbst bauen lassen oder einen Fertigstall kaufen usw.).

Wenn Ihnen die Endsumme hoch erscheint, so bedenken Sie, daß alle Haustiere nicht unbeträchtliche Kosten verursachen. Ein Hund etwa braucht zu seiner bloßen Existenz Futter, Impfungen, Wurmkuren, und für ihn ist Steuer zu zahlen (welch letztere für Pferde – noch – nicht zu entrichten ist).

11. Wo kauft man Pferde?

Für den Laien ist es nicht ganz einfach, an das Pferd, das man sich nun entschlossen hat zu kaufen, überhaupt heranzukommen. Denn Pferde werden nicht, wie Autos, in weithin sichtbaren Verkaufsräumen an den Ausfallstraßen der Städte angeboten. Man muß sie suchen, um sie zu finden.

Natürlich gibt es *Pferdehändler;* Sie finden die Adressen im Telefon- oder Adreßbuch. Die Branche hat von altersher einen etwas ramponierten Ruf: Lassen Sie sich dadurch nicht von einem Besuch in den Verkaufsställen abhalten, es gibt viele reelle Leute in diesem Gewerbe, und je besser Sie selbst sich auf den Kauf vorbereitet haben, je genauer Sie dem Händler Ihre Vorstellungen umreißen können, je entschiedener Sie von „Gelegenheitskäufen" und ähnlichem absehen, um so eher wird der Händler das Passende für Sie finden. Lesen Sie dazu noch einmal das Kapitel „Welches Pferd kommt in Frage?" und studieren Sie ein weiteres Buch, das eigens für die Unterrichtung von Laien vor dem Pferdekauf geschrieben wurde („Das richtige Pferd", siehe Anhang): Die meisten Klippen, die es beim Pferdekauf zu umschiffen gibt, kennen Sie dann schon. Die zusätzliche Anschaffung macht sich bei den heutigen Pferdepreisen garantiert bezahlt.

Lassen Sie sich Zeit! Blitzkäufe sind selten gute Käufe. Ein erfahrener Händler hat einen großen Kundenkreis und weiß, wo er ein für Sie passendes Pferd beschaffen kann, falls er es nicht „vorrätig" hat. Der Kauf beim Händler hat noch einen weiteren Vorzug: Ein guter Händler ist meist bereit, ein Pferd zurückzunehmen, wenn es Ihnen mit Grund nicht gefällt, und es gegen ein anderes umzutauschen.

Haben Sie sich im Geiste bereits für ein Pferd einer bestimmten Rasse entschieden, so können Sie sich kostenlos bei den entsprechenden *Züchterorganisationen* (siehe Anhang) erkundigen; dort kann man Sie auf Auktionen aufmerksam machen, vielleicht einen Kauf vermitteln oder Ihnen die Namen bekannter Züchter nennen.

Vielleicht kennen Sie auch schon – etwa über Bekannte, Reiterfreunde Ihres Kindes – einen oder mehrere *Züchter*. Sie haben dort den Vorteil, die Mutter, möglicherweise auch den Vater Ihres künftigen Pferdes kennenzulernen. Eine kleine Warnung ist freilich angebracht: Mancher Züchter möchte seine Nachzucht möglichst jung verkaufen und rät Ihnen deshalb vielleicht zum Kauf eines Fohlens oder eines Jährlings. Halten Sie sich vor Augen, was wir dazu im Kapitel „Welches Pferd kommt in Frage?" sagten! Kaufen Sie zum sofortigen Gebrauch *nie ein Pony unter vollendetem dritten (Isländer: fünften) Lebensjahr!*

Natürlich kommt es auch vor, daß in Ihrer *Nachbarschaft,* unter *Freunden* und *Bekannten* ein Kinderpony zu verkaufen ist. In diesen Fällen kennen Sie das betreffende Tier wahrscheinlich selbst schon längere Zeit, können sich mit den Vorbesitzern ausführlich unterhalten und das Pony mehrmals ausprobieren.

Alle *Pferdefachzeitschriften* offerieren in ihren Kleinanzeigen-Spalten verkäufliche Pferde und Ponys. Finden Sie hier etwas, das Ihnen den Worten nach zusagt, so kaufen Sie nie am Telefon!

In allen genannten Fällen ist es absolut notwendig, daß Sie *mit Ihrem Kind* die Verkäufer aufsuchen, sich das fragliche Tier zeigen und vorreiten lassen und dem Kind Gelegenheit geben, es selbst auszuprobieren – und dies auch, wenn es noch kein besonders erfahrener Reiter ist. Der Verkäufer nimmt es vielleicht an die Longe, oder Sie selber nehmen es an den Führzügel; wie auch immer – geben Sie dem künftigen Reiter die Möglichkeit, die Bewegungen und Regungen des Pferdes unter dem Sattel auszuprobieren. Das ist entscheidend wichtig! Sympathien und Antipathien spielen im Zusammensein von Pferd und Reiter eine bedeutsamere Rolle, als sich der Laie vorstellen kann. Das Fluidum der Sympathie ist auf die Dauer viel wesentlicher als alle Schönheit des Äußeren, alle bereits errungenen Turnierschleifen. Lassen Sie sich niemals von Äußerlichkeiten bestechen: Ihr Kind braucht ein sicheres, ein *liebes* Pony! Es muß sich von Ihrem Kind anbinden und die Hufe hochnehmen lassen, es darf keine Schwierigkeiten machen beim Satteln und Zäumen, darf nicht an Stall und Weide „kleben" (d. h. darf sich nicht weigern, überhaupt wegzugehen). Fehler dieser Art beim täglichen Umgang sind bei Kinderpferden so schwerwiegend, daß man vom Kauf absehen sollte.

Abzuraten ist dem Laien von einem Kauf auf dem *Pferdemarkt.* Selten nur können die Tiere hier ausprobiert werden; es bedarf des Fachmannes, die Spreu vom Weizen zu scheiden.

Hat das angebotene Pferd Papiere, so erfahren Sie die Anschrift des Züchters und der Nachbesitzer (Achtung: Wenn ein Pferd in wenigen Jahren sehr häufig die Besitzer wechselte, lassen Sie besser die Finger davon); das betreffende Stammbuch, dessen Anschrift auf dem Abstammungsnachweis steht, kann Ihnen notfalls Rat erteilen.

Gefällt Ihnen und Ihrem Kind das Pferd, so kommen Sie am besten anderntags mit Ihrem Tierarzt – oder auch mit dem Reitlehrer – wieder und lassen Sie es von diesen Fachleuten gründlich untersuchen. Der Tierarzt wird Sie auch darauf aufmerkam machen, welche *Gewährsmängel* es gibt und wann Sie ein Pferd auch nach dem Kauf noch zurückgeben können (dazu auch das Buch „Pferdekauf ohne Risiko“, siehe Anhang). Bestehen Sie stets auf einem schriftlichen Kaufvertrag, den Käufer und Verkäufer unterschreiben und von dem beide je eine Ausfertigung erhalten. Die genannten Bücher können Ihnen viel Ärger und großen Geldverlust ersparen.

Die meisten Leute kaufen Pferde zu Beginn der schönen Jahreszeit. Das hat den Vorteil, daß man es gleich auf die preiswertere Sommerweide schicken und sich auf Ritten in der freien Natur mit ihm vertraut machen kann; als Nachteil muß meist ein etwas höherer Preis in Kauf genommen werden. Umgekehrt sind Pferde gegen Winter zu meist preiswerter, kosten aber im Unterhalt (Heu, Stroh, Kraftfutter) etwas mehr. Kaufen Sie im Herbst preisgünstig ein Pony, das den Sommer über in einem Reitstall oder Ferienbetrieb gearbeitet hat, so berücksichtigen Sie bitte, daß es nun Anrecht auf eine Erholpause hat und in den ersten Monaten vorsichtig gearbeitet werden sollte.

12. Was tun, wenn das Pferd sein neues Heim bezieht?

● *Vorbereitungen*

Das Pferd ist gekauft – da sind auch diejenigen Familienmitglieder, die selbst nicht reiten, in Hochstimmung. Schließlich kommt nicht alle Tage ein so großer neuer Hausgenosse an. Der Offenstall, die künftige Behausung, wird gründlich gereinigt und – falls es sich um ein älteres Gebäude handelt – sorgfältig nach herausragenden Nägeln, Eisenteilen, Holzspänen untersucht; der Boden wird gründlich gesäubert, notfalls desinfiziert (wie auch die Wände) und mit Stroh oder Sägespänen hoch eingestreut. Frisches Wasser steht bereit, Futter ist eingekauft, ein Leckstein ist vorhanden. So wäre nun wirklich alles Notwendige getan?

Nicht ganz. Nach Unterschreiben des Kaufvertrages ist das Pferd Ihr Eigentum geworden – und von diesem Augenblick an tragen Sie die volle Verantwortung für alles, was ihm geschieht oder was es anrichtet. Es könnte schon beim Transport Menschen verletzen (etwa, wenn es sich weigert, den Hänger zu betreten), es könnte sich selbst verletzen, könnte während der ersten Stunden bei Ihnen aus seiner Weide, seinem Stall ausbrechen. Gerade bei Transport und Eingewöhnung sind Pferde ängstlich und schreckhafter als sonst, reagieren sie unberechenbarer und können bei kopfloser Flucht große Schäden anrichten.

Sie müssen also am Kauftage noch unbedingt eine *Haftpflichtversicherung* abschließen, die Sie gegen alles, was Ihr Pferd anrichtet, Dritten gegenüber absichert.

Soll Ihr Pferd Tag und Nacht auf der Weide gehen, ist auch eine *Weide-Diebstahl-Versicherung* anzuraten.

Ob Sie eine *Lebensversicherung* abschließen, hängt unter anderem von Ihrem Geldbeutel ab. Lebensversicherungen sind teuer, wenn sie 100 % Ersatz leisten sollen. Trotzdem raten wir allen Pferdekäufern, das neue Pferd wenigstens für das erste Jahr zu versichern; während dieser Zeit treten alle jene Mängel auf, die Ihnen der Verkäufer vielleicht verschwieg, oder es ereignen sich Unfälle, die auf Ihre Unerfahrenheit zurückgehen. Bei nur einem Pferd oder zwei Pferden lohnt sich die Versicherung meist; besitzen Sie viele Pferde, übersteigen meist die Beiträge für alle den Preis eines gelegentlich ausfallenden Tieres.

● *Das Pferd kommt an*

Schon beim Kaufen lassen Sie sich vom Vorbesitzer über die Freßgewohnheiten Ihres neuen Pferdes unterrichten: ob es regelmäßig Kraftfutter bekam, wieviel und zu welchen

Tageszeiten (Pferde sind Gewohnheitstiere; jede abrupte Änderung ihrer Gewohnheiten wird übel vermerkt); ob es längere Zeit über nur Heu und Stroh bekam oder seit Wochen auf der Weide geht. Versuchen Sie, die gleiche Fütterung zunächst beizubehalten. Jede Veränderung sollte über mehrere Tage hinweg vorsichtig vollzogen werden. Sie vermeiden dadurch Kolik, Durchfall, Rehe oder auch Nahrungsverweigerung durch zu krasse Futterumstellung.

Während der ersten Tage sollten Sie das Pferd nur unter Aufsicht auf die Weide lassen. Beobachten Sie, ob es auszubrechen versucht (sind die Zäune stabil genug? Funktioniert der Elektrozaun? Kennt und respektiert ihn das Pferd?). Lassen Sie Ihrem Pferd diese erste Woche das Stallhalfter an; es muß aber sehr gut sitzen: so eng, daß es nicht mit den Hinterhufen abgestreift werden kann, so weit, daß es die Nahrungsaufnahme nicht behindert. Viele Unglücke sind schon durch falsch sitzende Weidehalfter verursacht worden. In diesem Falle bietet das Halfter den Vorteil, daß Sie ein ausbrechendes oder scheuendes Pferd gleich anfassen und festhalten können. Später lassen Sie beim Weiden das Halfter weg.

Die Kinder sollten sich zunächst nicht allein mit dem neuen Hausgenossen beschäftigen. Er ist noch mißtrauisch gegen seine Umgebung und die fremden Menschen, trauert vielleicht dem Vorbesitzer nach und könnte auf ungeschickte Kinderhände unfreundlich reagieren. Lassen

Sie auf keinen Fall die Kinder gleich am ersten Tag reiten! Aus Angst vor der ungewohnten Umgebung reagiert ein Pferd leicht schreckhaft und neigt dann zum Davonlaufen.

Schauen Sie auch nicht pausenlos nach, was das Pferd wohl eben jetzt macht, sondern lassen Sie es ungestört und in Ruhe seine neue Welt erforschen.

Ihren Freunden verraten Sie am besten den Ankunftstag gar nicht. In der Freude und im Stolz des neuen Besitzes wären Sie vielleicht allzu leicht geneigt, immerzu zu zeigen, wie prächtig er im Auslauf trabt – bis Ihr neuer Hausgenosse entsetzt wegrennt, wenn er nur Ihre Stimme hört.

● *Man gewöhnt sich aneinander*

Ein Pferd kauft man gewöhnlich nicht für eine kurze Zeit; man möchte lange Freude an ihm haben. Deshalb sollte man sich auch längere Zeit zum Eingewöhnen lassen. Eltern und Kinder lernen es am besten bei der täglichen Pflege kennen: beim Säubern des Stalles, beim Putzen und Füttern. Gehen Sie ruhig und freundlich mit ihm um, und wenn es erschrickt, so überlegen Sie zuerst, ob nicht *Sie* etwas falsch gemacht haben.

Nehmen Sie das Pferd an einen langen Führzügel und gehen Sie ein paar Tage mit ihm spazieren, zeigen Sie ihm die nähere Umgebung, lassen Sie es hier und da ein Weilchen grasen. Ist es ruhig genug, satteln Sie es und nehmen Sie Ihr Kind – zumal, wenn es noch sehr jung ist – im Sattel mit. Sprechen Sie beide viel und freundlich mit dem Neuling. Was Sie sagen, ist egal – es merkt sich aber den Tonfall Ihrer Stimmen und reagiert künftig darauf und faßt Vertrauen zu Ihnen.

Zu den ersten Reitversuchen nehmen Sie das Pferd an die Longe oder lassen Ihr Kind unter Aufsicht in einer nicht zu großen, geschlossenen Koppel reiten. Auf gar keinen Fall dürfen Sie Kind und Pony einfach drauflos reiten lassen ins Gelände! Wenn eben möglich, bitten Sie ein oder zwei Erwachsene mit ruhigen, verträglichen Pferden, Ihr Kind mitzunehmen. In beruhigender Gesellschaft schaut sich der Neuling dann die Gegend an, erschrickt nicht so leicht, orientiert sich am Gebaren der gelassenen anderen Pferde.

Kinder mögen nicht gern dauernd zur Vorsicht gemahnt werden – das wissen Sie als Eltern recht genau. Aber hier geht es darum, *echte Gefahren* auszuschalten. Kein Kind kann die Regungen, das plötzliche Scheuen oder Seitwärtsspringen eines noch unbekannten Pferdes abschätzen. Dies Vermögen kommt erst mit längerer Bekanntschaft und wachsendem gegenseitigem Vertrauen. Die ersten Wochen entscheiden vielleicht darüber, ob Ihr Kind – weil *Sie* nicht vorsichtig genug waren – den Besitz des eigenen Pferdes mit einem schweren Unfall beendet oder eine jahrelange glückliche Gemeinsamkeit beginnt.

Seien Sie auch geduldig bei „Unarten“ des neuen Pferdes – es muß sich auch mit ganz fremden Gegebenheiten abfinden. Reden Sie bei Anfangsschwierigkeiten, die bestimmt kommen, nicht gleich vom Wiederverkaufen –

Beide müssen sich erst langsam aneinander gewöhnen und Vertrauen zueinander gewinnen

Kind und Pferd müssen miteinander umgehen, einander verstehen lernen. In vielen Fällen kann Ihnen der Vorbesitzer einen Tip geben; wenden Sie sich an ihn.

Je älter das Pferd ist und je mehr Zeit ihm der Vorbesitzer widmete, um so länger dauert die Umgewöhnung. Manche Pferde sind schon nach Tagen „daheim“, manche brauchen Monate, bis sie sich endgültig umgestellt haben.

Wieder müssen wir Sie an die notwendigen Versicherungen erinnern. Erkundigen Sie sich, ob der *Familienhaft-*

pflicht-Vertrag (den Sie ja sicher abgeschlossen haben) und die *Schulunfallversicherung* als Schutz beim Reiten und beim Umgang mit dem eigenen Pferd ausreichen.

● *Gäste möchten reiten*

Sie haben ein Pferd, Ihr Kind kommt prima mit ihm zurecht – schon kommt eine neue Sorge auf Sie zu: Die kleinen Freunde Ihres Kindes möchten auch mal reiten! Zunächst möchten sie nur mal putzen, dann helfen sie eifrig mit beim Aufsammeln der Pferdeäpfel – nun ja, und dafür wird man ja auch wohl mal aufs Pferdchen dürfen?! Mutig sind sie alle, und natürlich „können alle reiten" – haben beim Ponyfest mal auf dem Pferd gesessen, auf der Kirmes eine Runde gedreht – und sind stolz darauf. Auch das eigene Kind bettelt; sein Ansehen in der Klasse steigt – verbietet man's, so tun sie's heimlich... Also beide Augen zudrücken?

In vielen Fällen geht alles gut. Pferde haben eine „Antenne" für die Ungeschicklichkeit von Kindern und nehmen sie vielfach nicht übel. Es geschieht aber auch, daß Kinder vom Pferd fallen, beim Helfen getreten oder gebissen werden, und schon beginnen die alten Probleme wieder: Hatten die Kinder überhaupt die Erlaubnis der eigenen Eltern, hier reiten zu dürfen? Sind sie versichert? Haften sie für Unfälle, die durch sie geschehen?

Sichern Sie sich gegen spätere Unannehmlichkeiten ab, indem Sie *vorher* Absprachen mit den Eltern treffen und auf Unfall- und Haftpflichtversicherung bestehen.

Besonders problematisch wird es, wenn Sie für die Reiterlaubnis ein Entgelt nehmen – das kann im Schadensfalle dann ein Vermögen kosten, Freundschaften zu Bruch gehen lassen. Jahrelange Prozesse vergällen die Freude am Pferd, das zwar meist die Ursache, aber dennoch unschuldig ist.

Selbst einem guten Reiter kann man ein Pferd nicht so selbstverständlich leihen wie dem guten Fahrer das Auto. Pferd und Reiter müssen sich kennenlernen; Pferde sind Lebewesen, die unsachgemäße oder ungewohnte Behandlung nicht verstehen und häufig unerwartet reagieren.

Kindern, denen Sie regelmäßig das Reiten auf Ihren Pferden gestatten möchten, müssen Sie – falls Sie das können – zuerst gründlichen Unterricht im Umgang mit Pferden geben. Können Sie es nicht, schicken Sie sie in die Reitschule oder zu dem Lehrer, wo auch Ihr Kind reiten lernte. Sind die Eltern der Kinder damit nicht einverstanden, dann können die Kinder – so leid es Ihnen auch tun mag – nicht bei Ihnen reiten.

Und lassen Sie sich auf alle Fälle mündlich (vor Zeugen) oder schriftlich bestätigen, daß nach all dieser Vorsorge immer noch alle Haftung bei den fremden kleinen Reitern liegt und diese auf eigene Gefahr mit Ihren Pferden umgehen.

Unter diesen Voraussetzungen können nicht nur Sie und Ihre Kinder, sondern auch deren Freunde viel Freude an den Pferden haben.

„Mein Kind muß reiten lernen"

Nicht nur Kinder sind pferdenärrisch – auch Eltern können es sein. Eltern, die selber reiten und ein eigenes Pferd haben; oder die gern reiten möchten und sich ein eigenes Pferd wünschen; oder die vergebens in ihrer Jugend vom Reiten träumten und nun den eigenen Jugendwunsch ihren Kindern erfüllen möchten; oder auch Eltern, die angestachelt sind von den reiterlichen Erfolgen anderer Kinder und nun, vom Ehrgeiz gepackt, auch die eigenen Turnierschleifen errungen sehen wollen.

Treffen die Wünsche von Eltern und Kindern zusammen, kann gemeinsames Glück daraus entstehen. Sehr oft aber haben die Kinder überhaupt keine Freude am Pferd – oder sie wird ihnen, durch falsches Vorgehen, nach kurzer Zeit auf immer genommen.

1. Was Eltern auf keinen Fall tun dürfen

Ahnungslose Kinder werden von Turnier zu Turnier geschleppt, wobei ihnen ständig vor Augen geführt wird, wie gut andere, nicht viel ältere Kinder bereits springen.

oder Dressur reiten können. Ihr Kind findet das langweilig ; es hat keinen Ehrgeiz; vielleicht fürchtet es sich gar vor Pferden. Auf diese Weise erzwingt man keine Pferdeliebe.

Schlimm ist es, wenn schon ganz kleine Kinder falsch an Pferde herangebracht, unter viel Zureden und Versprechungen auf den blanken Rücken eines, womöglich noch riesigen Pferdes gehoben werden. Die Kinderhände finden keinen Halt; der kleine Reiter schaukelt bei jeder Bewegung des Pferdes unsicher hin und her und möchte gern wieder auf den festen Boden zurück. Schreit er vor Angst, lachen die Erwachsenen ihn aus, anstatt Verständnis für seine berechtigten Nöte zu haben. Das Kind sitzt völlig allein auf hohem, wackligem Sitz, kann das Tier nicht zum Stehen bringen, fühlt sich ihm hilflos ausgeliefert. So kann man auch keine Pferdeliebe wecken!

Ist das Pferd ordnungsgemäß gesattelt, will das Kind die Füße zum Halt in die Bügel stecken; deren Riemen haben aber meist nicht genügend Löcher, daß sie auf die Länge von Kinderbeinen verkürzt werden können, und so „hilft man sich", indem man die Kinderfüßchen in die Riemen steckt (s. Zeichnung). Nun braucht das Pferd nur noch zu erschrecken und zur Seite zu springen – schon rutscht das Kind auf einer Seite herunter, der Riemen mit dem verbleibenden Fuß zieht sich vom Gewicht zusammen, das Kind hängt, mit dem Kopf nach unten, hilflos neben einem davongaloppierenden Pferd . . . Phantasiegespinst? O nein – die Versicherungen wissen, wie oft genau das vorkommt!

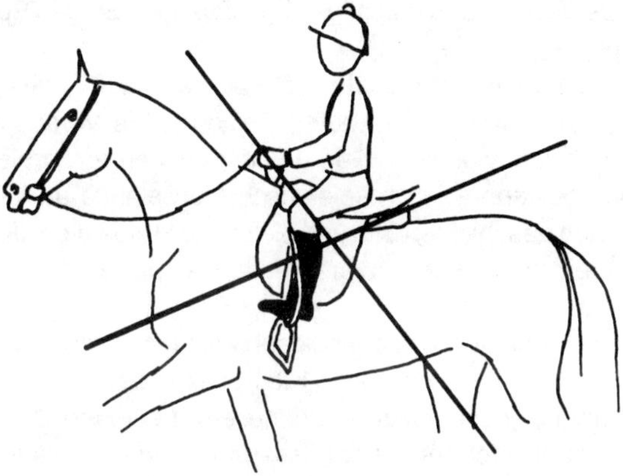

Selbst wenn nichts Schlimmes passiert, wenn das Kind mit dem Schrecken davonkommt – ein begeisterter Reiter wird es sicher nicht mehr.

Viele Kinder würden glückliche Reiter werden ohne den Ehrgeiz ihrer Eltern. Die aber lassen sie nicht mit einem Pony selig werden, sondern schleppen sie viel zu früh in die Reitschule, wo sie im strengen Schulbetrieb mitreiten müssen, um etwas zu lernen, was sie noch gar nicht lernen wollen.

In anderen Ländern weiß man das. Wir sprachen schon von den Ponyclubs in Holland, England und den USA, wo Tausende und Tausende von Kindern bei Reiterspielen und Ausflügen ins Gelände besser und natürlicher reiten lernen als in der Bahn – und das alles ohne Zwang, über das Spiel und mit viel Freude.

Will das Kind dann später von sich aus auf Turnieren reiten, lernt es bei einem guten Reitlehrer die Voraussetzungen dazu viel schneller. In langen Jahren „freien" Reitens gewann es sich spielerisch die Balance auf dem Pferd, den geschickten Sitz und die schnelle Reaktion. Jetzt ist es „reif" für eine erfolgversprechende sportliche Ausbildung.

Viele Kinder möchten aber diesen Weg nicht einschlagen – und werden von ehrgeizigen Eltern dazu gezwungen. Sie sollen immer hochblütigere, schnellere, nervösere Ponys reiten, immer höhere Hindernisse überwinden, sollen auf Turnieren mit straffen Vorschriften starten, obwohl sie lieber durchs Gelände bummeln möchten.

Die Eltern würden sich sicher nicht zwingen lassen, an Autorallyes teilzunehmen, wenn sie schon bei quietschenden Reifen Herzklopfen haben. Oder doch? Sicher nicht! Und welcher Erwachsene würde sich als mäßiger Skifahrer zum Springen hoher Schanzen zwingen lassen mit dem dürftigen Argument, andere könnten das auch? Gewiß niemand.

Erwachsene dürfen nein sagen, ihre Absage wird respektiert. Kinder müssen oft einfach, weil ehrgeizige Eltern es wollen.

Müssen im Jugendleben aber schon Schule und Berufsausbildung hart durchgestanden werden – sehr oft im rücksichtslosen Wettbewerb –, so sollte das Reiten doch überall da, wo es nicht vom Kind ausdrücklich anders gewünscht wird, ein befreiendes Hobby bleiben, eine Liebhaberei im schönsten Sinne des Wortes, die Freude spendet, statt zur ungeliebten Pflicht zu werden.

2. Was Eltern tun können, um im Kind die Liebe zum Pferd zu wecken

Schaukelpferde und weiche, kuschelige Stoffpferde vermitteln dem Kleinkind die ersten positiven Eindrücke vom „Pferd", desgleichen Bilderbücher mit Stuten und Fohlen. Das ist alles beglückend, Freundschaft weckend.

Gehen ältere Kleinkinder von sich aus gern mit den Eltern zu den Pferden, nimmt man sie mit, zwingt sie aber niemals, sich den Tieren mehr zu nähern, als sie selber möchten. Distanz gibt Sicherheit, aus der wachsenden Sicherheit kommt dann der Wunsch, die Distanz zu verringern. Zwang bewirkt genau das Gegenteil.

Eltern sollten stets darauf bedacht sein, von ihren Kindern – ob sie nun pferdenärrisch sind oder Angst haben – schlimme Erfahrungen fernzuhalten. Ein Biß, ein Tritt, die durch größere Aufmerksamkeit der Erwachsenen leicht hätten verhindert werden können, haben schon manchem Pferdenarren die Liebe genommen und manchen Ängstlichen nie mehr zum Pferd kommen lassen.

Die Begegnung mit Fohlen kann zu beglückenden Erlebnissen führen, wenn – ja, wenn die Eltern sie behutsam lenken. Interessiert betrachten sich die jungen Lebewesen und sind näherer Begegnung nicht abgeneigt; an den Eltern liegt es, daß sie gefahrlos verläuft: daß das Fohlen festgehalten wird, daß das Kind lernt, es an der richtigen Stelle und sanft zu streicheln, aus dem Bereich der Hinterbeine wegzubleiben, daß es auf die Dauer *versteht,* weshalb es das alles tun oder lassen soll. Können oder wollen Eltern sich nicht die Mühe machen, ständig aufzuklären und aufzupassen, sollten sie Kinder und Fohlen nicht miteinander umgehen lassen.

Ein wuscheliges Shetlandpony erobert Kinderherzen im Sturm. Daß das Glück bestehen bleibt, ist wiederum Sache

der Eltern. Sie müssen dafür sorgen, daß es sich wirklich um ein gutmütiges, erfahrenes älteres Pony handelt, das zausende Kinderhände nicht übelnimmt. Schönheit spielt dabei überhaupt keine Rolle. Wichtig ist, daß es sich – unter Aufsicht eines Erwachsenen – gern streicheln und putzen, vielleicht sogar „reiten" läßt. Nimmt sich der Vater, die Mutter dann noch die Zeit, das Pferdchen am Zügel zu führen zu langem gemeinsamem Spaziergang, dann wächst unmerklich eine natürliche Neigung zu Pferd und Reiten in Freude und ganz ohne Angst heran.

Aber erst, wenn das Kind *selbst* den Wunsch äußert, auf einem anderen und größeren Pferd zu sitzen, heben verständige Eltern es zu sich in den Sattel.

Vor Vater oder Mutter sitzend, sich geborgen fühlend zwischen ihren Armen und ohne je eine böse Erfahrung mit dem eigenen kleinen Pferd gemacht zu haben, geht es nun das Wagnis „richtigen“ Reitens an. In Vaters Armen, an die es sich anfangs noch ängstlich anklammert, weicht bald die erste Verkrampfung; begeistert wird es bald einem wiegenden, leichten Galopp zustimmen, wird mit zunehmendem Mut sicherer, balanciert sich bald selbst aus und beginnt, den Bewegungen des Pferdes geschmeidig zu folgen.

Nun ist es soweit: Das Kind kann an der Longe alleine reiten. Ein zuverlässiges, nicht zu großes Pferd mit weichen Bewegungen ist für solche Übungsstunden richtig; das Kind ist glücklich; ein weiterer Schritt zum angstfreien Reiten ist gemacht.

Und irgendwann kommt vielleicht der Moment, auf den Sie, als passionierte Reiter, sehnsüchtig gewartet haben: Ihr Kind möchte reiten, möchte gar ein eigenes Pferd haben.

Doch bedenken Sie stets: Je ängstlicher Ihr Kind ist, je weniger spontan es sich innerlich den Pferden verbunden fühlt, um so mehr Geduld müssen Sie üben, um so längere Zeit braucht es für alle diese Vorbereitungen. Versuchen Sie nie, es zu überreden, ihm von den Schönheiten des Reitens vorzuschwärmen – Sie erreichen damit eher das Gegenteil. Wir kennen viele Fälle, in denen begeisterte Eltern ihre Kinder verscheucht haben, trotz den allerbesten

Vater und Tochter: In Familien, in denen die Eltern auch reiten, wachsen die Kinder meist „spielend“ in den gemeinsamen Sport hinein

Absichten; wir kennen aber auch Fälle, in denen Kinder jahrelang nichts von Pferden wissen wollten, die Eltern das einfach zur Kenntnis nahmen und das Jungvolk wohlversorgt zurückließen, wenn sie ausritten – bis auf einmal die Kinder von sich aus *wünschten,* zu reiten. Von dann an ging alles gut.

Und selbstverständlich akzeptieren Sie auch die Tatsache, daß es einfach Menschen gibt, die wirklich nichts mit Pferden anfangen können. Weshalb sollten sie es auch unbedingt?

Ein letzter Ratschlag noch zu diesem Thema: Kaufen Sie Ihrem Kind nicht *Ihr* Pferd, sondern seines. Das falsche Pferd kann alle Mühen vieler Jahre zunichte machen. *Ihre* Vorstellungen als erwachsener Reiter sind häufig himmelweit verschieden von denen Ihres Kindes. Kinder fühlen sich – wir sagten es schon mehrfach – zu pummeligen, wuscheligen Ponys hingezogen. Kaufen Sie ihm um Gottes willen kein rassiges Turnierpferd – nicht einmal ein rassiges Turnierpony! Lassen Sie es glücklich werden. Möchte es dann nach einigen Jahren reiterlicher Erfahrungen umsitzen auf ein Großpferd, so ist dann – und nicht heute – die Zeit dazu gekommen. Möchte es aber überhaupt nicht umsitzen, so zwingen Sie es nicht dazu. Aus gezwungenen oder moralisch erpreßten Kindern werden keine zufriedenen Reiter – für sie bedeutet Reiten dann nur harte Arbeit und sinnlose Jagd nach Erfolg. Wollen Sie das?

Lassen Sie Ihr Kind selbst zu „seinem“ Pferd finden und

trennen sie keine Gemeinschaft, die das Leben bereichert. Der Kampf um den Erfolg bestimmt das ganze Erwachsenenleben – soll er schon die Jugendjahre Ihres Kindes vergiften?

3. Ihr Kind will nicht mehr reiten

Irgendwann kommt Ihr Kind nach Hause und erklärt, mit dem Reiten sei es nun endgültig Schluß!

Da wurden nun Pferd und teures Zubehör angeschafft, wurde vielleicht mühsam eine Bleibe mit Weide und Offenstall erbaut, hat man sich so manches Wochenende abgerackert, oft unter persönlichem Verzicht, um den Kindern Herzenswünsche zu erfüllen – und nun soll das von heute auf morgen wieder aufgegeben werden?

Versuchen Sie herauszufinden, weshalb denn Ihr Kind so plötzlich nichts mehr vom Reiten wissen will. Manche Kinder nennen offen den Grund, andere wissen ihn selbst nicht so recht...

Handeln Sie jetzt nicht überstürzt, machen Sie Ihrem Kind keine Vorwürfe und verkaufen Sie nicht verärgert Hals über Kopf Pferd und Zubehör.

Es gibt nach unserer Erfahrung eine Menge Gründe, die ein Kind vom Reiten abbringen können:

– Der Wunsch nach dem eigenen Pferd war nur ein Strohfeuer, Reiten war gerade „in“, die Schulfreunde ritten auch...

- Alle Alterskameraden kaufen nun Mopeds, haben Freund oder Freundin, fürs Pferd bleibt keine Zeit...
- Die Freunde haben „schönere“ Pferde, schnellere Pferde, teurere Rösser – das Kind will entweder ein anderes oder gar keins mehr...
- Immer, wenn besondere Veranstaltungen locken, Festzüge etwa oder Reiterspiele und Schauen, muß es zusehen, während ein anderer – der Vater, ein Bekannter, dem man sich verpflichtet fühlt – das Pferd reitet...
- Es muß zuviel im Stall helfen oder darf sich nicht genügend betätigen, beides kann die Freude arg trüben...
- Es findet kein Verhältnis zum – falsch gekauften – Pferd, kommt nicht mit ihm zurecht...
- Es ist gestürzt, hat sich verletzt oder sah einen Freund schlimm stürzen und hat nun fürchterliche Angst bekommen...
- Es entwickelte eine Allergie gegen Pferdehaar, Heustaub oder Stallgeruch...

Die häufigsten Gründe haben wir noch nicht erwähnt:

- Ein nicht ehrgeiziges Kind muß zu hart arbeiten, um Erfolge im Sport zu erringen, die es gar nicht interesssieren; das Reiten wird ihm zur Last...
- Ein sehr ehrgeiziges Kind hat ein Pferd, das seinem Können und seinen Ansprüchen nicht genügt, und ist es leid, immer nur unter „ferner liefen“ zu enden...

Um mit dem letzten Grund zu beginnen: Hier wird die Entscheidung wohl vom Portemonnaie getroffen werden müssen. Erstklassige Turnierpferde für Kinder sind teuer; andererseits ist es ungerecht, einen Ehrgeiz zu schüren, den man später nicht unterstützen kann oder will.

Der vorletzte Grund ist tiefgehend, aber relativ einfach zu lösen: Die Eltern reden nicht mehr vom Turniersport, sondern lassen ihr Kind so mit dem Pferd glücklich werden, wie es das möchte.

In allen anderen Fällen ist zunächst ein Kompromiß angebracht: Das Pferd bleibt noch ein halbes Jahr da und wird weiterhin gepflegt und geritten, während Sie sich bemühen, die einzelnen Gründe nach Kräften auszuräumen – etwa, sich nach Mitreitern umzusehen; bei echtem Zeitmangel ein wenig Stallarbeit zu übernehmen; Pferd und Kind besser miteinander vertraut zu machen (vielleicht über die Teilnahme an einem gemeinsamen Reitkursus in den Ferien); mit Ihrem Kind über die Vorteile eines nicht ganz so schönen oder schnellen Pferdes zu reden und ihm klarzumachen, daß es im Leben nur selten um solche Äußerlichkeiten geht... Bei einer Allergie besprechen Sie sich mit Ihrem Arzt oder dem Facharzt: Es gibt heute Mittel, die sogar in schweren Fällen das Leiden weitgehend mildern. Natürlich entscheidet hier letzten Endes die Gesundheit darüber, ob das Pferd am Ende doch verkauft werden muß.

Damit Sie uns nicht mißverstehen: Wir möchten hier keineswegs einer verkrampften Pferdeliebe das Wort sprechen. Lange Jahre der Erfahrung haben aber gezeigt, daß es im Zusammenleben zwischen Kind und Pferd ebensolche Krisenzeiten gibt wie im zwischenmenschlichen Zusammenleben. Oft gehen sie vorüber. Deshalb sollte man Kind und Pferd eine Chance geben und versuchen, Hindernisse aus dem Weg zu räumen, wobei man als Eltern sehr oft auf die Ergebnisse eigener Torheiten stößt – daß man das falsche Pferd kaufte aus Eitelkeit, daß man sein Kind auf falsche reiterliche Bahnen lenkte aus Ehrgeiz, daß man aus Bequemlichkeit nicht wahrnahm, wie Kind und Pferd einsam wurden.

Und noch ein letztes Bedenken möchten wir gegen die allzu schnelle Trennung äußern: Kinder sollten nicht lernen, daß es leicht ist, sich von Lebendigem zu trennen. Beim Pferd mag das gehen – aber wie ist es später im Leben der Erwachsenen? Es lohnt die Mühe der Eltern, ihren Kindern am Beispiel des Pferdes behutsam und nachdrücklich zugleich beizubringen, daß es im Leben nicht angeht, wegzuwerfen, was man nicht mehr mag – daß man viele Kompromisse schließen muß, um wirklich zufrieden zu werden, daß es lohnt, sich um Lebendiges zu mühen. Ist das Interesse Ihres Kindes am Pferd aber ganz erloschen, bleibt Ihnen freilich nur der Verkauf.

Reißen Sie trotzdem Stall und Heulager noch nicht ab, bewahren Sie Sattel und Zaumzeug auf – vielleicht vermissen *Sie* bald das Pferd in Ihrem Leben und kaufen einen neuen Freizeitkameraden für sich selbst.

Anhang

Versicherungen

Vorbemerkung: Alle folgenden Angaben beruhen auf den Verhältnissen in der Bundesrepublik Deutschland. Sie gelten jedoch im Prinzip ebenso für Österreich und die Schweiz. Jeder offizielle Zuchtverband (siehe Adressen hier im Anhang) wird Ihnen zunächst Auskunft erteilen, welche *Pflicht*-Versicherungen dort in Ihrem Fall abzuschließen sind. Über die Einzelheiten wird Sie der Vertreter einer Versicherungs-Gesellschaft Ihres Vertrauens informieren und beraten.

Auch hier wird es sich lohnen, vorher bei erfahrenen Reitern und Pferdehaltern Erkundigungen einzuziehen.

Es ist ferner zu empfehlen, von Zeit zu Zeit die abgeschlossenen Versicherungen gemeinsam mit dem Versicherungs-Vertreter zu überprüfen, ob sie den gegebenen Verhältnissen noch entsprechen.

Pferdefreunde, Reiter und vor allem Pferdehalter sollten sich zu rechter Zeit intensiv mit den Versicherungen rund um das Pferd befassen. Viele Pferdebesitzer oder auch Reiter fremder Pferde erkundigen sich erst *nach* einem Unfall danach, was sie eigentlich schon vor dem ersten Ritt hätten wissen sollen: welche Versicherungen für den Reiter und den Pferdehalter notwendig und welche zusätzlich sinnvoll sind! Hier ein knapper Überblick über die diversen Versicherungsmöglichkeiten:

1. *Reiterferien:* Versicherungen meist im Preis inbegriffen – aber besser vorher fragen. Notwendig für den Betrieb: Betriebs-Haftpflicht-Versicherung.
2. *Reitschule:* Versicherungen meist im Preis inbegriffen – aber besser vorher fragen. Notwendig für den Schulbetrieb: Betriebs-Haftpflicht-Versicherung.
3. *Umgang mit fremden Pferden:* Achtung! Die Versicherungsfrage ist völlig offen, da keine Versicherungspflicht besteht.

   Für den Pferdebesitzer notwendig: Tierhalter-Haftpflicht-Versicherung; erwünscht: Tierlebensversicherung.

   Für den Reiter (Benutzer der Pferde) notwendig: Privat-Haftpflicht-Versicherung; erwünscht: Unfallversicherung.

   All diese Fragen sind unbedingt zu klären, *bevor* Ihr Kind sich mit fremden Pferden beschäftigt.
4. *Umgang mit eigenen Pferden,* die an anderem Ort untergestellt sind: Achtung! Die Versicherungsfrage ist völlig offen, da keine gesetzliche Versicherungspflicht besteht. Es ist rationell, Pferde dort mitzuversichern, wo sie untergebracht sind und versorgt werden, denn es gibt Sondertarife für Landwirte und Reitschulen, die erheblich preisgünstiger sind als das Versichern eines einzelnen Tieres durch den Privatmann.

Für den Tierhalter (der das Pferd versorgt) notwendig: Tierhalter-Haftpflicht-Versicherung, Weidegangversicherung, Betriebs-Haftpflicht-Versicherung (evtl. durch Landwirtschaftliche Berufsgenossenschaft).

Für den Besitzer notwendig: Privat-Haftpflicht-Versicherung; erwünscht: Tierlebensversicherung.
All diese Fragen sind unbedingt *vor* Unterstellen des Pferdes zu klären, weil erfahrungsgemäß während der ersten Tage in neuer Umgebung die Unfallgefahr am größten ist.

5. *Pferde im eigenen Stall:* Da es bisher noch keine gesetzliche Versicherungspflicht für Pferdehalter gibt, liegt ein Versicherungsabschluß stets im Ermessen des Pferdebesitzers, der damit eine enorme Verantwortung trägt.
   Versicherungen ums Pferd: Unbedingt notwendig: Tierhalter-Haftpflicht-Versicherung, Weidegangversicherung; erwünscht: Betriebs-Haftpflicht-Versicherung (evtl. durch Landwirtschaftliche Berufsgenossenschaft); sinnvoll: Tierlebensversicherung, Unfallversicherung.
   Versicherungen um den Stall: Gesetzliche Pflichtversicherung: Feuerversicherung; sinnvoll: Inventarversicherung.

Nach dieser schematischen Übersicht wollen wir Ihnen nun die aufgezählten Versicherungen – nach dem Alphabet – einzeln erläutern, und zwar:

- Berufsgenossenschaftliche Versicherung
- Betriebs-Haftpflicht-Versicherung
- Gebäude-Feuerversicherung
- Inventarversicherung
- Privat-Haftpflicht-Versicherung
- Tierhalter-Haftpflicht-Versicherung
- Tierlebensversicherung
- Unfallversicherung
- Weidegangversicherung

● *Berufsgenossenschaftliche Versicherung*
Eine Berufsgenossenschaft hat die Aufgabe, die in einem ihr angeschlossenen Betrieb gegen Entgelt oder unentgeltlich Beschäftigten durch Vorsorgemaßnahmen, Heilmaßnahmen, Unfall- und Hinterbliebenenrente vor Not und Armut zu schützen (Vorsorgemaßnahmen sind Unfallverhütungsvorschriften, vorgeschriebene Arbeits- und Schutzmittel).

Die Zugehörigkeit eines Betriebes zu einer Berufsgenossenschaft ist gesetzliche Pflicht. Die Eintragung in das Mitgliederverzeichnis erfolgt zwangsweise; eine Befreiung von der Versicherungspflicht ist nicht möglich.

Die Pferdezucht und Pferde-Weidehaltung in größerem Umfang gehört zur Landwirtschaftlichen Berufsgenossenschaft. Liegt dagegen nur eine Pferdehaltung in unbedeutendem Umfang vor, dann gehört der „Betrieb“ zur „Berufsgenossenschaft für Fahrzeughaltungen, Hamburg“, so komisch das auch klingen mag. Das ist recht günstig, weil ein Beitrag nicht nach bearbeiteter Fläche, sondern nach dem an Fremde gezahlten Arbeitsentgelt berechnet wird.

Beispiel für die Leistung: Michael hilft seinem Freund bei der Heuernte, fällt beim Aufladen vom Wagen und bricht sich ein Bein. Eine langwierige Behandlung ist erforderlich. Hier sorgt die Berufsgenossenschaft für die erforderlichen Heilmaßnahmen und deren Bezahlung.

- *Betriebs-Haftpflicht-Versicherung*

Bei allen Tätigkeiten besteht die Möglichkeit, durch Unachtsamkeit oder Unvermögen Fehler zu machen. Das kann unangenehme materielle oder gesundheitliche Folgen haben: Es muß dafür Schadenersatz geleistet werden! Dem Landwirt, der Reitschule, dem Gastwirt oder dem Pferdehalter hilft dann nur eine Betriebs-Haftpflicht-Versicherung.

Beispiel für die Leistung: Marianne und Klaus haben sich für ihre Pferde Wiesen gepachtet, die jahrelang brachlagen. Nun sind diese Weiden von Dornen und Gestrüpp überwuchert, Brennesselhorste und Distelmeere lassen kaum Gras wachsen. Auf Anraten eines Landwirts bekämpfen sie diese Unkrautnester mit einem chemischen Spritzmittel. Starker Wind treibt nun die Giftwolken in Nachbars Garten, wo bald darauf etliche Pflanzenbeete wüst aussehen: Die Nutzpflanzen haben das Gift nicht vertragen, sie gingen ein. Hätte der Nachbar gar den Salat ahnungslos geerntet und verzehrt, wäre eine Katastrophe die Folge der Unachtsamkeit gewesen. Für Schäden, die aus der falschen Benutzung von Düngemitteln, Unkrautvernichtungsmitteln, ja aus der Nutzung der eigenen Ländereien *Fremden* entstehen, haftet die Betriebs-Haftpflicht-Versicherung – niemals aber die Privat-Haftpflicht- oder Tierhalter-Haftpflicht-Versicherung.

● *Gebäude-Feuerversicherung*

Das Gebäude und alles, was mit ihm *fest* verbunden ist, muß zwangsversichert werden. Die Prämie richtet sich danach, ob das zu versichernde Gebäude landwirtschaftlich genutzt wird oder nicht.

Beispiel für die Leistung: Bei Jürgen brennen Stall und Scheune ab – wahrscheinlich kam es zur Selbstentzündung von frischgeerntetem Heu. Menschen und Pferde kommen nicht zu Schaden, aber die gut gefüllte Scheune ist bis auf die Grundmauern abgebrannt, der Stall teilweise auch zerstört – und auch den Traktor hat's erwischt. Je nach Schadenhöhe wird die Versicherungssumme gezahlt. Den Schaden am Traktor aber, der nicht zur Gebäudefeuerversicherung gehört, ersetzt niemand.

● *Inventarversicherung*

Lebendes und totes Inventar kann man gegen Verlust versichern – man muß es aber nicht. Wenn man aber die relativ niedrige Prämie zahlt, sind alle nicht fest mit dem

Gebäude verbundenen (und bei Vertragsabschluß gemeldeten) Gegenstände einschließlich Vorräte und Tiere gegen Brand, Diebstahl u. a. abgesichert! Achtung: Fremde Sachen sind in der Regel nicht versichert! Diese müssen stets gesondert gemeldet werden.

Beispiel für die Leistung: Bei Jürgens Scheunenbrand brannte der Traktor völlig aus, ebenso wurde das Sattelzeug total vernichtet. Hier zahlt die Inventarversicherung für diese gemeldeten und versicherten Gegenstände, deren Neuanschaffung sicher sehr teuer ist.

Der geliehene Ladewagen, der ebenfalls verbrannt ist, war bei Jürgen in fremdem Gewahrsam: Für ihn muß Jürgens Versicherung nicht aufkommen. Jürgen muß ihn aus eigener Tasche ersetzen, falls der Verleiher Schadenersatz fordert.

● *Privat-Haftpflicht-Versicherung*

Manches Fehlverhalten, manche Unachtsamkeit im täglichen Leben kann zu großen finanziellen Belastungen führen: Denn nach dem Gesetz muß man für die Schäden aufkommen, die man verursacht hat. Eine Privat-Haftpflicht-Versicherung vermindert das finanzielle Risiko ganz erheblich, obwohl die Prämien sehr niedrig sind.

Beispiel für die Leistung: Susanne darf auf dem großen Rappen von Herrn Jansen reiten. So auch am Sonntag. Da es recht windig ist, fliegt unter Geknatter eine Plane hoch, als Susanne vorbeireitet. Der Rappe scheut – und springt in ein eben vorbeifahrendes Auto. Mensch und Tier bleiben unverletzt, aber das Auto hat eine große Beule – das gibt eine saftige Reparaturrechnung. Aber keine Sorge, Susannes Vater hat für seine Tochter eine Privat-Haftpflicht-Versicherung abgeschlossen, die beim Reiten *fremder* Pferde (nicht eigener Pferde!) den Schaden zahlt.

- *Tierhalter-Haftpflicht-Versicherung*

Auch die ruhigsten Tiere bleiben unberechenbar. In einem unvorhersehbaren Moment entziehen sie sich dem Einfluß des Menschen und richten Schaden an. Um das mit einer Tierhaltung verbundene Haftpflichtrisiko in überschaubarem Rahmen zu halten, empfiehlt sich *dringend* der Abschluß einer Tierhalter-Haftpflicht-Versicherung: denn Tierhalterhaftpflicht und Privathaftpflicht sind zwei Versicherungsarten, die ganz verschiedene Risiken abdecken.

Beispiel für die Leistung: Die Tierhalterhaftpflicht deckt das Risiko aus der Haltung und Nutzung *eigener* Tiere. Wir bleiben bei dem vorigen Beispiel. Nur: Susanne reitet diesmal den Braunen, der ihrem Vater gehört. Die Tierhalter-Haftpflicht-Versicherung bezahlt den Schaden am Auto.

- *Tierlebensversicherung*

Die Tierlebensversicherung deckt den Verlust, wenn das Pferd so zu Schaden kommt, daß es dauernd unbrauchbar wird oder getötet werden muß.

Nach der Versicherungssumme staffeln sich auch die

Prämien, so daß bei größeren Beständen der Abschluß einer Tierlebensversicherung – verglichen mit dem Risiko – uninteressant wird. Die Tierlebensversicherung umfaßt folgende Risiken: Tod, Nottötung, dauernde Unbrauchbarkeit, evtl. auch Zuchtuntauglichkeit, außerdem Verlust des Pferdes durch Diebstahl, körperliche Schäden des Pferdes durch Brand, Blitzschlag oder Explosion.

Allerdings müssen die Kosten für eine tierärztliche Behandlung selbst getragen werden, es sei denn, die Tierlebensversicherung hat sich in einem speziellen Fall zur Übernahme der Tierarztkosten bereit erklärt.

Beispiel der Leistung: Flora tritt bei einem Ritt über Ödland in ein großes Mauseloch und bricht sich eine Vorderröhre. Die Stute ist jetzt dauernd unbrauchbar für Sportzwecke – sie ist ein Versicherungsfall. Was mit Flora jetzt geschehen soll, *muß* mit der Tierlebensversicherung abgesprochen werden.

● *Unfallversicherung (für Menschen)*

Die Unfallversicherung deckt Arzt- und Heilungskosten bei körperlichen Schäden, die durch Unfall verursacht sind. Es spielt dabei keine Rolle, ob der Unfall auf höhere Gewalt, eigene Unachtsamkeit oder fremdes Verschulden zurückzuführen ist. Es ist auch gleich, ob mit eigenen oder fremden Pferden, ob in der Reitbahn oder im Gelände, ob zum Spaß oder im Rahmen des sportlichen Trainings geritten wird. Private (also nichtberufliche) Reitunfälle sind normalerweise in der gesetzlichen Krankenkasse oder einer ihr gleichgestellten Versicherung *mitversichert.* Eine private Unfallversicherung bietet *zusätzliche Leistungen,* z. B. bei Dauerschäden, Unfalltod oder in Form von Krankenhaustagegeld. Ereignet sich ein Unfall bei einer Vereinsveranstaltung, wird u. U. auch die Sportversicherung des Vereins zahlungspflichtig.

Beispiel der Leistung: Hans nimmt auf Einladung seines Vereins an einer Fuchsjagd teil. Bei einer Schrittstrecke kommt er dem Vorderpferd zu nahe. Das Pferd schlägt aus und trifft Hans so unglücklich, daß er mit einem Beinbruch ins Krankenhaus muß. Seine Pflichtkasse übernimmt die Arzt- und Heilkosten, verlangt sie jedoch von der Sportversicherung des Vereins zurück. Von seiner privaten Unfallversicherung erhält Hans Tagegeld, solange er im Krankenhaus liegt. Die Entschädigung für Verdienstausfall als Auszubildender regelt sich nach den gesetzlichen Bestimmungen.

● *Weidegangversicherung*

Selbstverständlich erhöht sich das Versicherungsrisiko, wenn die Pferde ganzjährig nicht nur am Stall, sondern auch auf der Koppel gehalten werden. Aus diesem Grunde kann man zusätzlich zur Betriebs-Haftpflicht- bzw. Tierhalter-Haftpflicht-Versicherung die – preiswerte – Weidegangversicherung abschließen.

Die Versicherung zahlt, wenn Tiere aus ordnungsgemäß

Pferde auf der Weide – ein wahres Vergnügen für die Vierbeiner und ein gewisses Risiko für den Besitzer

errichteten und unterhaltenen Koppeln ausbrechen und dabei einen Schaden anrichten. Damit aber die Versicherung nicht durch kleine Schäden (Bagatellfälle) oder Leichtsinn über Gebühr belastet wird, wird stets eine gewisse Selbstbeteiligung vereinbart.

Beispiel der Leistung: Aus irgendeinem Grund brechen Michaels Pferde aus der intakten Elektrokoppel aus und rennen in das Rübenfeld von Bauer Harms, dem großer Schaden entsteht. Hier zahlt die Weidegangversicherung. Michael muß nur eine geringe Summe – die Selbstbeteiligung – beisteuern.

Adressen der Zuchtverbände

Baden-Württemberg

Pferdezuchtverband Baden-Württemberg e. V.:
Abteilung Heidelberg
Mönchhofstr. 52, 6900 Heidelberg
Abteilung Titisee/Neustadt
Walter-Göbel-Weg 4, 7820 Titisee/Neustadt
Abteilung Stuttgart
Heinrich-Baumann-Straße 1–3, 7000 Stuttgart 1

Bayern

Landesverband Bayer. Pferdezüchter e. V.
Haydnstr. 11, 8000 München 2

Verband der Kleinpferdezüchter Bayerns e. V.
Berg-am-Laim-Str. 38, 8000 München 80

Pferdezuchtverband Franken e. V.
Am Reiter-Zentrum 3, 8800 Ansbach

Pferdezuchtverband Niederbayern/Oberpfalz e. V.
Gestütstr. 5a, 8300 Landshut

Pferdezuchtverband Schwaben e. V.
Bismarckstraße 57, 8901 Stadtbergen

Hessen

Verband Hessischer Pferdezüchter e. V.
Kölnische Str. 48–50, 3500 Kassel

Verband der Ponyzüchter Hessen e. V.
Rheinstr. 91, 6100 Darmstadt

Niedersachsen

Verband Hannoverscher Warmblutzüchter e. V.
Johannssenstr. 10, 3000 Hannover

Ostfriesisches Stutbuch e.V.
Johannssenstr. 10, 3000 Hannover

Stammbuch für Kaltblutpferde Niedersachsen e. V.
Johannssenstr. 10, 3000 Hannover

Verband der Pony- und Kleinpferdezüchter Hannover e. V.
Johannssenstr. 10, 3000 Hannover

Verband der Ponyzüchter Weser-Ems e. V.
Metzerstr. 29, 2900 Oldenburg

Verband der Züchter des Oldenburger Pferdes
Haarenfeld 52c, 2900 Oldenburg

Nordrhein-Westfalen

Rheinisches Pferdestammbuch e. V.
Abt. Ponys und Kleinpferde
Endenicher Allee 60, 5300 Bonn 1

Westfälisches Pferdestammbuch e. V.
Abt. Ponys und Kleinpferde
Engelstr. 52, 4400 Münster

Rheinland-Pfalz – Saarland

Pferdezuchtverband Rheinland-Pfalz-Saar e. V.
Burgenlandstr. 7, 6550 Bad Kreuznach

Landwirtschaftskammer Saarland
Ponys und Kleinpferde (Köramt)
Lessingstr. 12, 6600 Saarbrücken 2

Schleswig-Holstein

Landesverband schleswig-holsteinischer
Pferdezuchtverbände
Steenbeker Weg 151, 2300 Kiel 1

Österreich

Haflinger Pferdezuchtverband Tirol
Brixner Str. 1, A-6341 Innsbruck

Schweiz

Schweizerischer Pferdezuchtverband
Kramgasse 58, CH-3000 Bern

Eidgenössisches Gestüt
CH-1580 Avenches/VD

CIP-Titelaufnahme der Deutschen Bibliothek

Bruns, Ursula:
Pferde, meine große Liebe : Ratgeber für pferdebegeisterte Mädc
Eltern / Ursula Bruns; Marlit Hoffmann. –
Neuaufl. – München : F. Schneider, 1988
ISBN 3-505-09902-3
NE: Hoffmann, Marlit:

Schneider-Buch

Titel der Originalausgabe: Unser Kind ist pferdenärrisch

8000 München 40 · Frankfurter Ring 150

Umschlaggestaltung: Angelika Bachmann, München
Titelfoto: Silvestris, Kastel Obb.
Fotos: Ursula Bruns, Renate Kirner, Bildagentur
Mauritius/H. Hoffmann, Edel Marzinek-Späth
Zeichnungen: Marlit Hoffmann
Redaktion: Sibylle Schneider
ISBN: 3 505 09902-3
Bestell-Nr.: 9902